Hueber Sprachführer

Juliane Forßmann / Annette Widell

Mit Schwedisch unterwegs

Hueber Verlag

Grammatik von Therese Bernhardt
Umschlagfotos und Innentitel: © Thinkstock/Getty Images/Ablestock.com |
© iStockphoto/danleap | © iStockphoto/rustycloud
Fotos Innenteil: S. 8: © Thinkstock/iStockphoto | S. 11: © Thinkstock/iStockphoto |
S. 12: © iStockphoto/jocic | S. 15: © Annette Widell | S. 17: © irisblende.de | S. 21:
© Thinkstock/iStockphoto | S. 26: © iStockphoto/Plougmann | S. 30: © Thinkstock/
Stockbyte/John Foxx | S. 33: © Thinkstock/iStockphoto | S. 36: © fotolia/xtr2007 |
S. 37: © Thinkstock/Marco Regalia | S. 41: © irisblende.de | S.44: © fotolia/Zsolt
Bota Finna | S. 45: © Thinkstock/Jupiterimages | S. 48: © Thinkstock/Getty Images/
Polka Dot Images | S. 54: © Thinkstock/iStockphoto | S. 56: © Thinkstock/iStock-
photo | S. 57: © iStockphoto/Joesboy | S. 65: © Thinkstock/iStockphoto | S. 66:
© Thinkstock/iStockphoto | S. 67: © Thinkstock/iStockphoto | S. 68: © iStockphoto/
tirc83 | S. 72: © Thinkstock/Zoonar | S. 74: © Thinkstock/Hemera | S. 79: © Victoria
Antonsson, www.flickr.com/photos/wixtoria | S. 82: © Thinkstock/iStockphoto |
S. 88: © mauritius images/Alamy | S. 89: © Thinkstock/iStockphoto | S. 90: © Think-
stock/iStockphoto | S. 92: © Thinkstock/iStockphoto | S. 96: © iStockphoto/
Quanthem | S. 100: © Thinkstock/iStockphoto | S. 101: © fotolia/ExQuisine |
S. 104: © Annette Widell | S. 107: © iStockphoto/skynesher | S. 117: © Thinkstock/
iStockphoto | S. 118: © fotolia/Sascha Glaser | S. 122: © PantherMedia/Mirko
Salem | S. 123: © PantherMedia/Peter Jobst | S. 126: © Thinkstock/iStockphoto |
S. 129: © Thinkstock/iStockphoto | S. 131, 133: © Leonard Forssmann-Martin |
S. 136: © Thinkstock/iStockphoto | S. 138: © Thinkstock/iStockphoto | S. 139:
© Thinkstock/iStockphoto | S. 141: © imago/Lindenthaler | S. 144: © iStockphoto/
Rich Legg | S. 146: © Annette Widell | S. 154: © fotolia/Wanja Jacob | S. 166:
© Thinkstock/Getty Images/Ablestock.com | S. 244: © Thinkstock/David De Lossy

Ein kostenloser MP3-Download zum Buch ist unter
www.hueber.de/audioservice erhältlich.

3. 2. 1. | Die letzten Ziffern
2017 16 15 14 13 | bezeichnen Zahl und Jahr des Druckes.
Alle Drucke dieser Auflage können, da unverändert,
nebeneinander benutzt werden.
1. Auflage
© 2013 Hueber Verlag GmbH & Co. KG, 85737 Ismaning, Deutschland
Umschlaggestaltung: wentzlaff | pfaff | güldenpfennig kommunikation gmbh
Zeichnungen: Gisela Specht, Weßling
Redaktion: Juliane Forßmann, Hueber Verlag, Ismaning
Layout: Holger Latzel und Sarah-Vanessa Schäfer, Hueber Verlag, Ismaning
Satz: Memminger MedienCentrum AG, Memmingen
Druck und Bindung: Himmer AG, Augsburg
Printed in Germany
ISBN 978-3-19-009722-7

Das Wichtigste auf einen Blick

Inledning
Einführung

Gute Reise mit dem **Hueber Sprachführer Schwedisch**! Wenn Sie nach Schweden reisen, ist dieser Sprachführer das Richtige für Sie, denn alle Übersetzungen richten sich nach dem Standardschwedisch rikssvenska ['riks'swenska], das überall dort verstanden wird, wo man Schwedisch spricht. Außerhalb Schwedens wird auch in einigen Küstengebieten Finnlands Schwedisch (offiziell finlandssvenska genannt) gesprochen. In Åland [oːland], einer Inselgruppe, die als autonome Provinz zu Finnland gehört, ist Schwedisch sogar Amtssprache.

Wie in anderen Ländern, gibt es in Schweden viele Dialekte, die teilweise erheblich vom Standardschwedischen abweichen. Doch mit dem Sprachführer können Sie sich problemlos verständigen.

Eine Besonderheit im heutigen Schweden ist die weit verbreitete Gewohnheit, auch Fremde mit der Du-Form (du [düː]) anzusprechen, obwohl es durchaus eine Sie-Form (ni [niː]) gibt. Deshalb wird in diesem Sprachführer bei *Sie* und *du* mit du übersetzt. Nur in der Kommunikation mit mit älteren Herrschaften und in sehr förmlichen Situationen ist die Sie-Form als Zeichen des Respekts und der Höflichkeit vorzuziehen. Sollten Sie mit Mitgliedern des schwedischen Königshauses ins Gespräch kommen, verwenden Sie also die Sie-Form!

Im Gegensatz zu den meisten europäischen Sprachen gibt es im Schwedischen keinen feststehenden Begriff für *bitte*. Das heißt natürlich nicht, dass Schweden weniger höflich sind, aber der richtige Ausdruck hängt von der Situation ab. Wenn man jemandem etwas anbietet, sagt man Varsågod! ['warsoguːd] (*Bitte schön!*). Wenn man um etwas bittet, sagt man oft Tack! [tak] (*Danke!*) oder man formuliert den Satz um, damit er höflicher klingt. Ihr Sprachführer bietet für jede Situation die richtige Formulierung.

Der Sprachführer setzt sich aus fünf hilfreichen Komponenten zusammen: Die kompakte Einführung in die Aussprache macht Sie mit der vereinfachten Lautschrift vertraut. Mit ihrer Hilfe können Sie alle Wörter und Sätze problemlos aussprechen. Die darauffolgenden Kapitel bieten Ihnen nützliche Formulierungen für alle typischen Reisesituationen. In der Kurzgrammatik können Sie nach Wunsch die Sprache besser kennenlernen, um sie noch effizienter zu nutzen. Wenn es mal

ohne Worte gehen soll, helfen Ihnen die Zeigetafeln weiter. Das Wörterbuch für Reisende, in dem Sie Wörter von A bis Z nachschlagen können, vervollständigt Ihre „Sprachausrüstung". Nun kann nichts mehr schiefgehen.

Aber es gibt noch mehr: Die zum Sprachführer passenden Audiodateien können Sie sich auf www.hueber.de/audioservice herunterladen und so über 1000 Tracks anhören.

In der folgenden Tabelle sind alle Symbole und Abkürzungen aufgelistet, die Ihnen die Verwendung des Sprachführers erleichtern sollen:

🔊	Lautsprechersymbol, unter dem die Tracknummern der anhörbaren Phrasen aufgelistet sind
C03	Tracknummer, mit deren Hilfe Sie den damit markierten Satz auf der Audiodatei finden können
❓	Lücke, in die Sie die darunter folgenden Alternativen einsetzen können
☑	Wort/Wörter, das/die Sie in den Lückensatz oben einsetzen können

♀	weibliche Variante
♂	männliche Variante
etw. = etwas	ngt = något (im Reisewörterbuch verwendet)
fig.	figurative Bedeutung (im Reisewörterbuch)
jd, jdn, jdm = jemand, jemanden, jemandem	ngn = någon (im Reisewörterbuch)
n.	Neutrum (sächliches Geschlecht, ett-Wort)
Pl.	Plural (Mehrzahl)
Sing.	Singular (Einzahl)
umgs.	umgangssprachlich (im Reisewörterbuch)

Det riktiga uttalet
Die richtige Aussprache

Die schwedische Aussprache der Buchstaben unterscheidet sich zum Teil von der deutschen. Deshalb finden Sie nach jedem schwedischen Wort und Satz eine einfache lautschriftliche Umschreibung, die so weit wie möglich auf der deutschen Aussprache der Buchstaben beruht.

Die Betonung liegt meist auf der ersten Silbe.

Es gibt ein Sonderzeichen, das es zu beachten gilt. Der Buchstabe **å**, entspricht im Laut annähernd dem deutschen Buchstaben **o**.

V wird immer wie **w** und nie wie **f** ausgesprochen.

S wird im Schwedischen immer stimmlos wie in *Verlust* oder *Ergebnis* gesprochen.

In der folgenden Tabelle erklären wir Ihnen einige Symbole, die Laute darstellen, die im Deutschen nicht existieren und so eine genauere vereinfachte Lautschrift ermöglichen. Weitere Lautdarstellungen werden erklärt, damit keine Verwechslungen entstehen können. Laden Sie sich auf unserer Webseite unter www.hueber.de/audioservice die zum Sprachführer passenden Audiodateien herunter. Dann können Sie sich die Aussprache von phonetischen Beispielen und Wendungen auch anhören.

Im schwedischen Alphabet gelten, **å**, **ä** und **ö** übrigens als eigenständige Buchstaben und kommen in der alphabetischen Abfolge ganz am Schluss nach **z**. Das ist besonders wichtig, wenn Sie im schwedisch-deutschen Wörterbuchteil etwas nachschlagen wollen.

B01	'	steht immer vor der Wortsilbe, die betont wird.	**stava** ['sta:wa] buchstabieren
B02	:	zeigt an, dass der Vokal, der diesem Symbol vorausgeht, lang und eher geschlossen gesprochen wird.	**sent** [se:nt] spät
B03	‿	verbindet Laute, die schnell hintereinander gesprochen werden und so nahezu zu einem etwas längeren Laut verschmelzen.	**grapefrukt** ['gräjpfrükt] Grapefruit
B04	|	zeigt an, dass eine kleine Sprechpause entsteht, bevor der nächste Buchstabe ausgesprochen wird.	**langdakningsskidor** ['langdo:knings| 'schi:dur] Langlaufski
B05	a	ist ohne darauffolgendes Längenzeichen immer kurz wie in *Schanze*, aber etwas offener (nähert sich also ein wenig dem **O** an).	**tack** [tak] danke
B06	ä	ist ohne darauffolgendes Längenzeichen immer kurz wie in *Brett*.	**länge** ['länge] lange
B07	e	ist ohne darauffolgendes Längenzeichen immer kurz und halb geschlossen wie in *Gerolstein*.	**eld** [eld] Feuer
B08	i	ist ohne darauffolgendes Längenzeichen immer kurz wie in *Sinn*.	**sitta** ['sita] sitzen
B09	ng	wie **ng** in *Finger*	**övernattning** ['ö:wernatning] Übernachtung
B10	o	ist ohne darauffolgendes Längenzeichen immer kurz und offen wie in *Orchester*.	**orkester** [or'kester] Orchester

B11	ö	ist ohne daraufolgendes Längen-zeichen immer kurz wie in *öffnen*.	**sönder** ['sönder] kaputt
B12	s	bezeichnet ein stimmloses **S** wie in *Verlust*.	**slut** [slü:t] Schluss
B13	sch	wird wie **sch** in *Schaf* ausgspro-chen.	**kött** [schöt] Fleisch
B14	st	wird als **s** gefolgt von **t** wie im Norden Deutschlands ausgespro-chen, nicht als **scht**.	**startkabel** ['startkabel] Starthil-fekabel
B15	u	ähnlich wie u in *Husten*.	**ost** [ust] Käse
B16	ü	wird ohne Längenzeichen wie **ü** in *dünn* ausgesprochen.	**annulera** [anü'le:ra] stornieren
B17	ŭ	U-Laut, bei dem man die Lippen spitzt, ähnlich wie im Englischen *new*, nur kürzer.	**under** ['ŭnder] unter

Reseförberedelser
Reisevorbereitungen

Eine Unterkunft buchen

Boka ett boende

	Ich möchte gern ☑ buchen.	Jag skulle gärna vilja boka ☑. [ja:(g) 'skɵle 'jä:rna 'wilja 'bu:ka]
C01	☑ eine Übernachtung mit Frühstück	☑ en övernattning med frukost [en 'ö:wernatning me:d 'frɵkost]
C02	☑ eine Übernachtung mit Halbpension	☑ en övernattning med halvpension [en 'ö:wernatning me:d 'halwpenschun]
C03	☑ eine Übernachtung mit Vollpension	☑ en övernattning med helpension [en 'ö:wernatning me:d 'he:lpenschun]
C04	☑ ein Einzelzimmer	☑ ett enkelrum [et 'engkelrɵm]
C05	☑ ein Doppelzimmer	☑ ett dubbelrum [et 'dɵbelrɵm]
C06	☑ sieben Nächte Halbpension	☑ sju nätter med halvpension [schü: 'näter me:d 'halwpenschun]
C07	☑ sieben Nächte Vollpension	☑ sju nätter med helpension [schü: 'näter me:d 'he:lpenschun]
C08	☑ eine Ferienwohnung für *zwei/drei/vier* Personen	☑ en semesterlägenhet för *två/tre/fyra* personer [en se'mesterlä:gen'he:t för two:/tre:/fü:ra per'su:ner]
C09	☑ ein Ferienhaus	☑ ett fritidshus [et 'fri:tidshü:s]
C10	☑ eine Hütte	☑ en stuga [en 'stü:ga]
C11	mit einem Kinderbett	med en barnsäng [med en 'ba:rnsäng]
C12	für zwei Erwachsene und *ein Kind/zwei Kinder*	för två vuxna och *ett barn/två barn* [för two: 'wɵksna ok et ba:rn/two: ba:rn]
C13	mit Toilette	med toalett [med tua'let]
C14	mit *Dusche/Bad*	med *dusch/badkar* [med dɵsch/'ba:dka:r]
C15	für *eine Woche/zwei Wochen*	för *en vecka/två veckor* [för en 'weka/two: 'wekɵ:r]
C16	(für die Zeit) vom ... bis zum ...	(för tiden) från och med ... till och med... [(för 'ti:den) 'fro:n ok me:d ... til ok me:d]

13

C17	in ruhiger Lage	**med lugnt läge** [meːd lŭngt 'läːge]
C18	in zentraler Lage	**med centralt läge** [meːd sen'traːlt 'läːge]
C19	in Strandnähe	**i närheten av stranden** [iː näːr'heːten aːv 'stranden]
C20	Sind Haustiere erlaubt?	**Är det tillåtet med husdjur?** [äːr deːt 'tiloːtet meːd 'hüːs'jüːr]
C21	Können wir unseren Hund mitbringen?	**Kan vi ta med vår hund?** [kan wiː taː meːd woːr hŭnd]

Mit dem Hund auf Urlaub

Hunde können grundsätzlich nach Schweden mitgenommen werden. Allerdings müssen einige strenge Voraussetzungen erfüllt werden, die in einem Heimtierausweis festgehalten werden. Eine Tollwutimpfung gehört unbedingt dazu. In jedem Fall muss der Tierarzt dem Haustier einen Mikrochip einpflanzen, dessen Nummer im Heimtierausweis vermerkt wird. Erkundigen Sie sich mindestens sechs Monate vor der Reise beim Tierarzt und Ihrer Flug- oder Fährgesellschaft. Informationen sind bei **www.swedenabroad.com** zu finden. In Naturparks und Wäldern besteht während der Jagdsaison und an Stränden vom 1. März bis zum 20. August Leinenpflicht. Hunde nehmen Sie besser nicht mit ins Restaurant.

C22	Müssen wir Bettzeug und Handtücher selbst mitbringen?	**Måste vi ta med egna sängkläder och handdukar?** ['moste wiː taː meːd 'eːgna 'sängkläːder ok 'handuːkar]
C23	Ich reise am ... um ca. ... Uhr an.	**Jag anländer den ... ca. klockan ...** [jaː(g) 'anländer den ... 'sirka 'klokan]
C24	Wir reisen am ... ab.	**Vår avresa är den ...** [woːr 'aːwreːsa äːr den]

Reservieren und buchen
Reservera och boka

Ich möchte gern ☐ buchen.	Jag skulle gärna vilja boka ☐. [jaː(g) 'skɵle 'jäːrna 'wilja 'buːka]
C25 ☑ einen Flug	☑ ett flyg [et flyːg]
C26 ☑ eine Fähre	☑ en färja [en 'färja]
C27 ☑ eine Reise	☑ en resa [en 'reːsa]
C28 Hin- und Rückfahrt, bitte.	En tur-och-retur-biljett, tack. [en tuːr ok re'tuːr bil'jet tak]
C29 Die Hinreise ist am ...	Resan dit är den ... ['reːsan diːt äːr den]
C30 Die Rückreise ist am ...	Resan tillbaka är den ... ['reːsan til'baːka äːr den]
C31 Ich würde gern einen Sitzplatz reservieren.	Jag skulle gärna vilja reservera en sittplats. [jaː(g) 'skɵle 'jäːrna wilja reser'weːra en 'sitplats]

C32	Ich möchte erster Klasse reisen.	Jag skulle gärna vilja resa i första klass. [jaː(g) 'skůle 'jäːrna 'wilja 'reːsa iː 'första klas]
	Um wie viel Uhr geht ☐ nach …?	Hur dags går ☐ till …? [hůːr dags goːr … til]
C33	☑ die Fähre	☑ färjan ['färjan]
C34	☑ der nächste Flug	☑ nästa flyg ['nästa flůːg]
C35	☑ der nächste Zug	☑ nästa tåg ['nästa toːg]
C36	Wann kommt der Zug an?	När kommer tåget fram? [näːr 'komer 'toːget fram]
C37	Wann fährt der Bus ab?	När går bussen? [näːr 'goːr 'bůsen]
C38	Wie viel kostet das Ticket?	Hur mycket kostar biljetten? [hůː r 'můke 'kostar bil'jeten]
C39	Bitte bestätigen Sie mir die Buchung schriftlich.	Kan du vara snäll och bekräfta bokningen skriftligt. [kan düː 'waːra snäl ok be'kräfta 'buːkningen 'skriftlit]
C40	Ich möchte die Reservierung stornieren.	Jag skulle vilja avboka min reservering. [jaː(g) 'skůle 'wilja 'aːwbuːka min reser'wering]

Am Telefon

per telefon

In Schweden meldet man sich mit dem Vor- und Nachnamen am Telefon, manchmal auch nur mit dem Vornamen.

Vad kan jag hjälpa dig med ? [waːd kan jaː(g) 'jälpa dej meːd]	Wie kann ich Ihnen helfen?
C41 Hier ist …	Hej, det är … [häj, deːt äːr]

C42	Bin ich hier richtig beim Hotel …?	Har jag kommit till hotel …? [haːr jaː(g) ˈkomit til hoˈtel]
C43	Entschuldigung, ich habe mich verwählt.	Ursäkta, jag har ringt fel. [ˈürsäkta jaː(g) haːr ringt feːl]
C44	Ich würde gern mit … sprechen.	Jag skulle gärna vilja tala med … [jaː(g) ˈsküle ˈjäːrna ˈwilja ˈtaːla meːd]

| *Han/Hon* är tyvärr inte här. [han/hun äːr ˈtüwär ˈinte häːr] | *Er/Sie* ist leider nicht da. |
| Vill du lämna ett meddelande? [wil düː ˈlämna et ˈmeːdelande] | Möchten Sie eine Nachricht hinterlassen? |

| C45 | Könnten Sie *ihm/ihr* ausrichten, dass … | Skulle du kunna hälsa *honom/henne* att … [ˈsküle düː ˈküna ˈhälsa ˈhonom/ˈhene at] |
| C46 | Könnte *er/sie* mich zurückrufen? | Skulle *han/hon* kunna ringa tillbaka? [ˈsküle han/hon ˈküna ˈringa tilˈbaːka] |

C47 Meine Nummer ist 00 49 ...	Mitt nummer är 00 49 ... [mit ˈnŭmer äːr nol nol ˈfüːra ˈniu]

Welche Vorwahl ist richtig?

Die Vorwahl von Schweden ist **0046**. Möchte man von Schweden aus eine deutsche Nummer wählen, lautet die Vorwahl **0049**. Die Vorwahl für Österreich ist **0043** und die für die Schweiz **0041**. Seine Nummer gibt man in der Regel in Zahlenpaaren an.

C48 Könnten Sie mir die Nummer von ... geben?	Skulle du kunna ge mig numret till ...? [ˈskŭle duː ˈkŭna ˈjeː mej ˈnŭmret til]

Numret är ... [ˈnŭmret äːr]	Die Nummer ist ...

C49 Auf Wiederhören!	Hejdå! [häj doː]

Per E-Mail, Fax oder Brief
Per mejl, fax eller brev

Sehr geehrter Herr ...,	Till ..., [til]
Sehr geehrte Frau ...,	Till ..., [til]

Eine höfliche Grußformel wie *Sehr geehrte Damen und Herren* wird in schwedischen Briefen nicht benutzt. Man beginnt einen förmlichen Brief einfach mit Till ..., (*für* gefolgt vom Namen des Adressaten).

Bitte lassen Sie mich wissen, ⸹.	Var så vänlig och meddela mig, ⸹. [waːr soː ˈvänlig ok ˈmeːdela mej]
☑ ob die Unterkunft noch frei ist	☑ om boendet fortfarande är ledigt [om ˈbuːendet fuːtˈfaːrande äːr ˈleːdit]
☑ wie viel das kostet und was der Preis mit einschließt	☑ hur mycket det kostar och vad som ingår i priset [huːr ˈmüke deːt ˈkostar ok waːd som ˈingoːr iː ˈpriːset]
☑ ob eine Anzahlung erforderlich ist	☑ om en inbetalning i förskott är nödvändig [om en ˈinbeˈtaːlning iː ˈföːrskot äːr ˈnöːdwendig]
Mit freundlichen Grüßen	Med vänliga hälsningar [meːd ˈwänliga ˈhälsningar]

Angaben zur Person machen
Personuppgifter

Vad är ⸹? [waːd äːr]	Wie lautet ⸹?
☑ ditt förnamn [dit ˈföːrnamn]	☑ Ihr Vorname
☑ ditt efternamn [dit ˈefternamn]	☑ Ihr Nachname
☑ din adress [din aˈdres]	☑ Ihre Adresse
☑ ditt telefonnummer [dit teleˈfoːnˈnümer]	☑ Ihre Telefonnummer
☑ ditt mobilnummer [dit moˈbiːlˈnümer]	☑ Ihre Handynummer
☑ din mejladress [din ˈmäjlaˈdres]	☑ Ihre E-Mail-Adresse

C50	Ich heiße ...	Jag heter ... [jaː(g) ˈheːter]
C51	Meine Telefonnummer ist ...	Mitt telefonnummer är ... [mit teleˈfoːnˈnümer äːr]
C52	Meine Handynummer ist ...	Mitt mobilnummer är ... [mit moˈbiːlˈnümer äːr]
C53	Meine E-Mail-Adresse lautet ...	Min mejladress är ... [min ˈmäjlaˈdres äːr]

Wenn Sie Ihre deutsche E-Mail-Adresse angeben, sprechen Sie @ als ['snaːbel aː] und **.de** als ['pŭngt de eː] aus. Für eine österreichische Adresse spricht man **.at** als ['pŭngt aː teː] aus und für eine Schweizer Adresse **.ch** als ['pŭngt seː hoː].

Vilken nationalitet är du? ['wilken natschonaliˈteːt äːr düː]	Welche Nationalität haben Sie?

C54	Ich bin Deutscher.	Jag är tysk. [jaː(g) äːr tüsk]
C55	Ich bin Deutsche.	Jag är tyska. [jaː(g) äːr 'tüska]
C56	Ich bin Österreicher.	Jag är österrikare. [jaː(g) äːr 'österiːkare]
C57	Ich bin Österreicherin.	Jag är österrikiska. [jaː(g) äːr 'österiːkiska]
C58	Ich bin Schweizer.	Jag är schweizare. [jaː(g) äːr 'schweitsare]
C59	Ich bin Schweizerin.	Jag är schweiziska. [jaː(g) äːr 'schweitsiska]

På resan
Auf der Reise

An der Grenze

Vid gränsen

Den Reisepass nicht vergessen!

Bei der Einreise nach Schweden aus Deutschland, der Schweiz und Österreich ist ein gültiger Reisepass oder Personalausweis mitzuführen. Diese Reisedokumente müssen noch mindestens drei Monate gültig sein. Seit dem 27. Juni 2012 brauchen die Kinder eigene Reisedokumente. Weitere Informationen gibt es bei www.auswaertiges-amt.de.

Era pass, tack! ['eːra pas, tak]	Die Pässe, bitte!
Var vänliga håll passen beredda! [waːr 'wänliga hol 'pasen be'reda]	Bitte halten Sie die Pässe bereit!

D01	Bitte sehr.	Varsågod. ['waːrsoguːd]
D02	Ich kann meinen Pass nicht finden.	Jag kan inte hitta mitt pass. [jaː(g) kan 'inte 'hita mit pas]

Var vänlig och kör åt sidan. [waːr 'wänlig ok schöːr oːt 'siːdan]	Bitte fahren Sie an die Seite.
Var vänlig öppna bagaget. [waːr 'wänlig 'öpna ba'gaːschet]	Bitte öffnen Sie den Kofferraum.

Wo gehts lang?

Hur kommer man till?

D03	Ich habe mich verfahren.	Jag har kört fel. [jaː(g) haːr schöːrt feːl]

D04 Ich habe mich verlaufen. *(in der Stadt)*	Jag har gått fel. [jaːg) haːr got feːl]
(in der Natur)	Jag har gått vilse. [jaːg) haːr got 'wilse]
Wie komme ich ☐?	Hur kommer jag ☐? [hüːr 'komer jaːg)]
D05 ☑ zur Autobahn	☑ till motorvägen [til 'muːtorˈwäːgen]
D06 ☑ zum Bahnhof	☑ till tågstationen [til 'toːgstaschuːnen]
D07 ☑ zum Hauptbahnhof	☑ till centralstationen [til senˈtraːlstaˈschuːnen]
D08 ☑ zum Fährhafen	☑ till färjehamnen [til 'färjeˈhamnen]
D09 ☑ zum Flughafen	☑ till flygplatsen [til 'flüːgplatsen]

Du ska köra vidare ☐. [du skaː 'schöːra 'wiːdare]	Fahren Sie weiter ☐.
☑ fram till nästa trafikljus [fram til 'nästa traˈfiːkjüːs]	☑ bis zur nächsten Ampel
☑ tills du kommer till slutet av vägen [tils düː 'komer til 'slüːtet aːw 'wäːgen]	☑ bis Sie zum Ende der Straße kommen
☑ till den andra rondellen [til den 'andra ronˈdelen]	☑ bis zum zweiten Kreisverkehr
☑ till centrum [til 'sentrüm]	☑ bis ins Stadtzentrum
Du ska svänga till *vänster/höger*. [düː skaː 'swänga til 'wänster/'höːger]	Biegen Sie *links/rechts* ab.
Du ska ta den andra gatan till *vänster/höger*. [düː skaː taː den 'andra 'gaːtan til 'wänster/'höːger]	Nehmen Sie die zweite Straße *links/rechts*.
Du ska vända om. [düː skaː 'wända om]	Drehen Sie um.
Du ska köra rakt fram. [düː skaː 'schöːra raːkt fram]	Fahren Sie immer geradeaus.
Du ska följa vägen. [düː skaː 'följa 'wäːgen]	Folgen Sie dem Straßenverlauf.

D10 Wie weit ist es noch bis ...?	Hur långt är det till ...? [hü:r lo:ngt ä:r de:t til]
D11 Wie viele Kilometer ...?	Hur många kilometer ...? [hü:r 'monga schilo'me:ter]

Vägen är spärrad. ['wä:gen är 'spärad]	Die Straße ist gesperrt.
Du ska ta trafikomledningen. [du ska: ta: tra'fi:kom'le:dningen]	Nehmen Sie die Umleitung.

D12 Gibt es eine alternative Route?	Finns det någon annan väg? [fins de:t 'no:gon 'anan wä:g]
D13 Darf ich hier parken?	Får jag parkera här? [fo:r ja:(g) par'ke:ra hä:r]

Tanken und Rasten

Tanka och rasta

Wo ist ☑?	Var är ☑? [wa:r ä:r]
D14 ☑ die nächste Tankstelle	☑ den närmsta bensinstationen [den 'nä:rmsta ben'si:nsta'schu:nen]
D15 ☑ die nächste Raststätte	☑ den närmsta rastplatsen med servering [den 'nä:rmsta 'rastplatsen me:d ser'we:ring]
D16 Bitte volltanken.	Full tank, tack. [fül tank tak]
Ich tanke ☑.	Bilen går på ☑. ['bi:len go:r po:]

Außer 95 und 98 Oktan gibt es noch das im Vergleich zu 98 Oktan ungefähr 30 % billigere E85. Es enthält nur 15 % Benzin; der Rest ist Ethanol. Der Brennwert ist allerdings geringer als beim herkömmlichen Benzin und Sie sollten im Voraus prüfen, ob Ihr Fahrzeug diesen Kraftstoff verträgt.

D17 ☑ Diesel	☑ diesel ['diːsel]
D18 ☑ Benzin	☑ bensin [ben'siːn]
D19 ☑ Super	☑ 95 oktan ['nitiuʃem ok'taːn]
D20 ☑ Super plus	☑ 98 oktan ['nitiuota ok'taːn]
Könnten Sie bitte ☐?	Kan du vara vänlig att ☐? [kan du 'waːra 'wänlig at]
D21 ☑ das Wasser nachsehen	☑ kontrollera vattnet [kontro'leːra 'watnet]
D22 ☑ das Öl prüfen	☑ kontrollera oljan [kontro'leːra 'oljan]
D23 ☑ Öl nachfüllen	☑ fylla på olja ['füla poː 'olja]
D24 ☑ den Reifendruck prüfen	☑ kontollera lufttrycket i däcken [kontro'leːra luft|trüket iː 'deken]
D25 Ich habe aus Versehen *Diesel/Benzin* getankt!	Jag har tankat *diesel/bensin* av misstag! [jaː(g) har 'tangkat 'diːsel/ben'siːn aw 'mistaːg]

Panne und Unfall

Motorstopp och olycka

D26 Ich habe einen Platten.	Jag har punktering. [jaː(g) haːr püngk'teːring]
D27 Könnten Sie bitte den Reifen wechseln?	Kan du vara vänlig att byta däcket? [kan düː 'waːra 'wänlig at 'büːta 'däket]
Ich brauche ☐.	Jag behöver ☐. [jaː(g) be'höːwer]
D28 ☑ einen Abschleppdienst	☑ en bogserbil [en bok'seːr'biːl]
D29 ☑ eine *VW®-/BMW®-*Vertragswerkstatt	☑ en *Volkswagen®/BMW®* verkstad [en 'folkswaːgen/'beːˌem|weː 'wärkstaːd]
D30 Bitte schleppen Sie den Wagen bis zur nächsten Werkstatt.	Kan du vara vänlig att bogsera bilen till närmsta verkstad? [kan düː 'waːra 'wänlig at bog'seːra 'biːlen til 'näːrmsta 'wärkstaːd]

D31	Der Motor springt nicht an.	Motorn startar inte. ['muːtorn 'staːrtar 'inte]
D32	Die Kupplung ist kaputt.	Kopplingen är sönder. ['koplingen äːr 'sönder]
D33	Der Tank ist leer.	Tanken är tom. ['tangken äːr tum]
D34	Bis wann können Sie es reparieren?	Hur lång tid tar det att reparera den? [hüːr long tiːd taːr deːt at repa'reːra den]
D35	Es gab einen Unfall.	Det skedde en olycka. [deːt 'schede en 'uːlüka]
D36	Bitte geben Sie mir die Anschrift Ihrer Versicherung.	Kan jag få dina försäkringsuppgifter, tack? [kan jaː(g) foː diːna föːr'säːkringsupjifter tak]
D37	Rufen Sie bitte *die Polizei/einen Kranken-wagen*!	Ring *polisen/efter en ambulans*! [ring pu'liːsen/'efter en ambu'lans]
D38	... Personen sind (schwer) verletzt.	... personer är (svårt) skadade. [per'suːner äːr (svoːrt) 'skaːdade]

| D39 | Haben Sie den Unfall gesehen? | Har du sett olyckan? [har dü: set 'u:lükan] |
| D40 | Bitte geben Sie mir Ihre Anschrift. | Kan du ge mig din adress är du snäll? [kan du: je: mej din a'dres ä:r dü: snäl] |

Verkehrskontrolle
Trafikkontroll

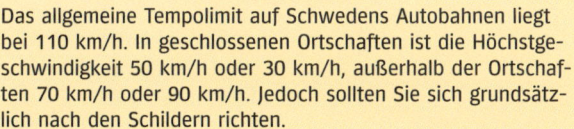

Das allgemeine Tempolimit auf Schwedens Autobahnen liegt bei 110 km/h. In geschlossenen Ortschaften ist die Höchstgeschwindigkeit 50 km/h oder 30 km/h, außerhalb der Ortschaften 70 km/h oder 90 km/h. Jedoch sollten Sie sich grundsätzlich nach den Schildern richten.

| Kan jag be att få se ditt körkort, tack? [kan ja:(g) be: at fo: se: dit 'schö:rkut tak] | Kann ich bitte Ihren Führerschein sehen? |
| Kan jag få se på hyrbilskontraktet, tack? [kan ja:(g) fo: se: po: 'hü:rbi:lskon'traktet tak] | Kann ich bitte Ihren Mietwagenvertrag sehen? |

| D41 | Bitte sehr. | Varsågod. ['warsogu:d] |

| | Tack så mycket. ['tak so: 'müke] | Vielen Dank. |

| D42 | Es tut mir sehr leid – ich habe meine Papiere nicht dabei. | Tyvärr – jag har inte mina papper med mig. ['tüwär ja:(g) ha:r 'inte 'mi:na 'paper me:d mej] |

| | Var vänlig och stig ut. [wa:r 'wänlig ok sti:g ü:t] | Bitte steigen Sie aus. |

Jag måste ge dig böter på grund av fortkörning. [ja:(g) 'moste je dej 'bö:ter po: gründ a:w furt'schörning]	Ich muss Sie wegen Geschwindigkeitsübertretung mit einem Bußgeld belangen.

D43	Ich möchte das Bußgeld gleich zahlen.	Jag skulle vilja betala böterna med det samma. [ja:(g) 'skůle 'wilja be'ta:la 'bö:terna me:d de:t 'sama]
D44	Ich habe *kein/nicht genug* Bargeld dabei.	Jag har *inga/inte tillräckligt* kontanter med mig. [ja:(g) ha:r 'inga/'inte 'tilräklit 'kontanter me:d mej]

Tipps für Autofahrer

1. Fahrzeuge müssen rund um die Uhr das Abblendlicht einschalten. **2.** Die Promillegrenze liegt bei 0,2 Promille. **3.** Es gibt in der Regel keine Autobahn- oder Mautgebühren. Nur wenn man über die Öresundverbindung (Öresundsbron) und Svinesundverbindung (Svinesundsbron), die Schweden und Dänemark bzw. Schweden und Norwegen miteinander verbinden, fährt, muss man eine Gebühr zahlen.
Außerdem fällt beim Befahren der Innenstadt von Stockholm ein Art Stausteuer für alle Autos an, die in Schweden registriert sind. Dieses System wird in Göteborg ab dem 1. Januar 2013 auch eingeführt. Mehr Details können Sie auf Schwedisch oder Englisch der Webseite www.transportstyrelsen.se entnehmen.

Unterwegs mit Bus, U-Bahn und Zug
På resande fot med buss, tunnelbana och tåg

D45	Ich möchte nach ... fahren.	Jag skulle vilja åka till ... [ja:(g) 'skůle 'wilja 'o:ka til]
D46	Welcher Zug fährt nach ...?	Vilket tåg går till ...? ['wilket to:g go:r til]

D47	Fährt dieser Bus nach ...?	Går den här bussen till ...? [goːr den här 'bŭsen til]
D48	An welcher Haltestelle muss ich aussteigen?	Vid vilken hållplats ska jag stiga av? [wiːd 'wilken 'holplats skaː jaː(g) 'stiːga aːw]
D49	Können Sie mir Bescheid sagen, wenn ich aussteigen muss?	Kan du säga till mig, när jag ska stiga av? ['kan dü: 'säja til mej näːr jaː(g) skaː 'stiːga aːw]
D50	Muss ich hier umsteigen?	Måste jag byta här? ['moste jaː(g) 'bü:ta häːr]

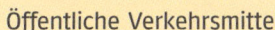

Öffentliche Verkehrsmittel

Die U-Bahn in Stockholm heißt tunnelbana ['tŭnel'baːna] . Sie ist das schnellste Transportmittel in Stockholm. Alle Fahrkarten in der Stadt (auch in Göteborg und Malmö) gelten zugleich für alle innerstädtischen, öffentlichen Verkehrsmittel.
Zwischen der Innenstadt Stockholms und dem Flughafen Arlanda fahren ein Zug und ein Bus. Tickets dafür kosten extra.

D51	Wann kommt der nächste Bus nach ...?	När kommer nästa buss till ...? [näːr 'komer 'nästa bŭs til]
D52	Wann kommt der nächste Zug?	När kommer nästa tåg? [näːr 'komer 'nästa toːg]
D53	Wann kommt die nächste U-Bahn?	När kommer nästa tunnelbanetåg? [näːr 'komer 'nästa tŭnelba:netoːg]
D54	Eine einfache Fahrt nach ..., bitte.	En enkel biljett til ..., tack. [en 'engkel bi'ljet til ... tak]
D55	Hin- und zurück nach ...	En tur-och-retur-biljett till ... [en tü:r ok re'tü:r bil'jet til]
D56	Eine Tageskarte, bitte.	En endagsbiljett, tack. [en 'eːndaːgsbil'jet tak]

D57 Gilt diese Karte auch für ...?	**Gäller den här biljetten också för ...?** ['gäler den häːr bil'jeten 'okso: föːr]
Wo ist ☐?	**Var är ☐?** [waːr äːr]
D58 ☑ die nächste U-Bahnhaltestelle	☑ **närmsta tunnelbanestation** ['näːrmsta 'tŭnelba:nesta'schuːn]
D59 ☑ die nächste Bushaltestelle	☑ **närmsta busshållplats** ['näːrmsta 'bŭsholplats]
D60 ☑ der Busbahnhof	☑ **busstationen** ['busta'schuːnen]
D61 ☑ der Bahnhof	☑ **tågstationen** ['tågsta'schuːnen]
D62 ☑ der Hauptbahnhof	☑ **centralstationen** [sen'tra:lsta'schuːnen]
D63 Von welchem Gleis geht der Zug nach ...?	**Från vilket spår går tåget till ...?** [froːn 'wilket spoːr goːr 'toːget til]

Rund ums Gepäck
Allt om bagaget

Har du bagage att checka in? [har dü: ba'ga:sch at 'scheka in]	Haben Sie Gepäck zum Einchecken?
Ditt bagage väger för mycket. [dit ba'ga:sch 'wä:ger: fö:r 'müke]	Ihr Gepäck hat Übergewicht.

E01	Ich möchte mein Gepäck aufgeben.	**Jag vill gärna lämna in mitt bagage.** [ja:(g) wil 'jä:rna 'lämna in mit ba'ga:sch]
E02	Ich habe nur Handgepäck.	**Jag har bara handbagage.** [ja:(g) ha:r 'ba:ra 'handba'ga:sch]
E03	Wo kann ich meinen Koffer abholen?	**Var kan jag hämta min resväska?** [wa:r kan ja:(g) 'hämta min 're:sväska]
E04	Sperrgepäck	**specialbagage** [spes'ja:lba'ga:sch]
	Mein Gepäck ☐.	**Mitt bagage ☐.** [mit ba'ga:sch]
E05	☑ ist nicht angekommen	☑ **har inte kommit fram** [ha:r 'inte 'komit fram]
E06	☑ ist beschädigt	☑ **är skadat** [ä:r 'ska:dat]
E07	Mein Gepäck ist nicht vollständig.	**Det fattas bagage för mig.** [de:t 'fatas ba'ga:sch fö:r mej]
E08	Wo gibt es hier Schließfächer?	**Var finns det förvaringsboxar?** [wa:r fins de:t för'wa:ringsboksar]

Am Flughafen
På flygplatsen

E09	Wie komme ich zu Terminal *eins/zwei*?	**Hur kommer jag till terminal *ett/två*?** [hü:r 'komer ja:(g) til termi'na:l et/two:]
	Wo finde ich ☐?	**Var hittar jag ☐?** [wa:r 'hita ja:(g)]
E10	☑ einen Informationsstand der Lufthansa®	☑ **en Lufthansa® informationsdisk** [en 'lüfthansa 'informa'schu:nsdisk]

E11	☑ einen SAS®-Schalter	☑ en SAS® informationsdisk [en sas 'informa'schuːnsdisk]
E12	Wann geht der nächste Flug nach ...?	När går nästa flyg till ...? [näːr goːr 'nästa flüːg til]
E13	Den nehme ich.	Det tar jag. [deːt taːr jaː(g)]
	Ich möchte ☐.	Jag skulle gärna vilja ☐. [jaː(g) skŭle 'jäːrna 'wilja]
E14	☑ Economy Class fliegen	☑ flyga i economy class ['flüːga iː 'ekonomi klaːs]
E15	☑ Business Class fliegen	☑ flyga i business class ['flüːga iː 'bisnis klaːs]
E16	☑ erster Klasse fliegen	☑ flyga i första klass ['flüːga iː 'första klas]
E17	☑ am Fenster sitzen	☑ sitta vid fönstret ['sita wiːd 'fönstret]
E18	☑ am Gang sitzen	☑ sitta vid gången ['sita wiːd 'gongen]
E19	☑ meinen Flug umbuchen	☑ boka om mitt flyg ['buːka om mit flüːg]
E20	☑ meinen Flug stornieren	☑ avboka mitt flyg ['aːwbuːka mit flüːg]
E21	Warum hat die Maschine Verspätung?	Varför är flyget fösenat? ['warföːr äːr 'flüːget för'seːnat]
E22	Wie viel Verspätung hat die Maschine?	Hur mycket försening har flyget? [hüːr 'müke för'seːning haːr 'flüːget]

Flyg nummer ... är struket. [flüːg 'nŭmer ... äːr 'strüːket]	Der Flug Nummer ... ist abgesagt.

Mit dem Schiff
Med båt

Ein beliebtes Reiseziel: Gotland

Die schwedische Insel Gotland liegt in der Ostsee nahe der
schwedischen Ostküste. Sie ist bei Reisenden sehr beliebt und
landschaftlich äußerst reizvoll.
Der Schärengarten an der Ost- und Westküste ist einzigartig
und man kann sich problemlos mit einem der Schärengarten-
boote – skärgårdsbåtar ['schäːrgoːrds'boːtar] von Insel zu Insel
bewegen.
Übernachtungen auf den Inseln sollte man im Voraus buchen,
besonders im Juli, wenn fast alle Schweden auf einmal Urlaub
haben.

E23	Wann läuft *das Schiff/die Fähre* aus?	När går *båten/färjan*? [näːr goːr ˈboːten/ ˈfärjan]
	Wo finde ich ☐?	Var hittar jag ☐? [waːr ˈhitar jaː(g)]
E24	☑ die Kabine Nr. ...	☑ kabin nr. ... [ˈkabiːn ˈnŭmer]
E25	☑ das Bordrestaurant	☑ restaurangen ombord [restüˈrangen omˈbuːd]
E26	Mir ist übel.	Jag mår illa. [jaː(g) moːr ˈila]
E27	Ich muss mich übergeben.	Jag måste spy. [jaː(g) ˈmoste spüː]
E28	Ich brauche einen Brechbeutel.	Jag behöver en spypåse. [jaː(g) beˈhöːwer en ˈspüːpoːse]

Ein Fahrzeug mieten
Hyra ett fordon

	Ich möchte ☐ mieten.	Jag skulle vilja hyra ☐. [jaː(g) ˈskŭle ˈwilja ˈhüːra]
E29	☑ ein Auto	☑ en bil [en biːl]
E30	☑ einen Automatikwagen	☑ en automatväxlad bil [en autoˈmaːtˈväkslad biːl]
E31	☑ ein Auto mit Allradantrieb	☑ en fyrhjulsdriven bil [en ˈfüːrjülsˈdriːwen biːl]
E32	☑ ein Cabrio	☑ en cabriolet [en cabrioˈleː]
E33	☑ ein Motorrad	☑ en motorcykel [en ˈmuːtorsykel]
E34	mit Klimaanlage	med aircondition [meːd ˈärkondischön]
E35	mit Navigator	med navigationssystem [meːd nawigaˈsichuːnsˈsüsteːm]
E36	Wie viel kostet das pro Tag?	Hur mycket kostar det per dag? [hüːr ˈmüke ˈkostar deːt pär daːg]
E37	Wie viel kostet das pro Woche?	Hur mycket kostar det per vecka? [hüːr ˈmüke ˈkostar deːt pär ˈweka]

E38	Ist der Preis inklusive Versicherung?	Är en försäkring inkluderad i priset? [är en för'sä:kring inklü'de:rad i: 'pri:set]
E39	Ist der Preis inklusive Vollkasko?	Är en helförsäkring inkluderad i priset? [är en he:l för'sä:kring inklü'de:rad i: 'pri:set]
E40	Wann muss ich das Fahrzeug zurückbringen?	När måste jag lämna tillbaka fordonet? [nä:r 'moste ja:(g) 'lämna til'ba:ka fu:r'dunet]
E41	Wo sind die Fahrzeugpapiere?	Var är fordonshandlingarna? [wa:r ä:r 'fu:rduns'handlingarna]
E42	Wo ist der Mietvertrag?	Var är hyreskontraktet? [wa:r ä:r 'hü:res kon'traktet]

Ein Taxi nehmen
Ta en taxi

Der Kilometerfahrpreis wird laufend angezeigt und man bezahlt für die Fahrzeit. Es gibt verschiedene Tariffe, die seit der Deregulierung etwas unübersichtlich geworden sind. Das Trinkgeld ist inbegriffen, aber für Wartezeiten oder die Mitnahme eines Fahrrads kann eine zusätzliche Gebühr verlangt werden. Am besten, Sie erfragen den Fahrpreis vor Fahrtantritt. Die schwedischen Taxis sehen übrigens ganz unterschiedlich aus und sind deshalb nicht immer leicht zu erkennen.

E43	Bitte fahren Sie mich nach/zu ...!	Kan du köra mig till, ... tack! [kan dü: 'schö:ra mej til ... tak]
E44	Könnten Sie schneller fahren?	Kan du köra fortare? [kan dü: 'schö:ra 'futare]
E45	Könnten Sie langsamer fahren?	Kan du köra långsammare? [kan dü: 'schö:ra 'longsamare]

E46 Was kostet die Fahrt nach ...?	Vad kostar det till ...? [vaːd ˈkostar deːt til]
E47 Bitte halten Sie dort!	Kan du stanna där, tack! [kan düː ˈstana däːr tak]
E48 Ich hätte gern für morgen früh ein Taxi zum Flughafen.	Jag skulle vilja beställa en taxi till flygplatsen för i morgon bitti. [jaː(g) ˈsküle ˈwilja beˈstäla en ˈtaksi til ˈflüːgplatsen föːr iː ˈmoron ˈbiti]

Äntligen där:
Endlich da: die Unterkunft
boendet

Bei der Ankunft
Vid ankomsten

Können Sie mir sagen, wo ⬚ ist?	Kan du säga mig, var ⬚ är? [kan dü: 'säja mej waːr … äːr]
F01 ☑ die Rezeption	☑ receptionen [resep'schuːnen]
F02 ☑ mein Zimmer	☑ mitt rum [mit rǔm]
F03 ☑ unser Zeltplatz	☑ vår tältplats ['woːr 'tältplats]
F04 Wir haben reserviert.	Vi har reserverat. [wiː haːr reserˈweːrat]
F05 Die Zimmerschlüssel, bitte.	Nyckeln till rummet, tack. ['nükeln til 'rǔmet tak]

Sich nach dem Wichtigsten erkundigen
Fråga om det viktigaste

Für jeden die passende Unterbringung

Eine Unterkunft können Sie bequem über das Internet bei www.visitsweden.com buchen. Eine der beliebtesten Übernachtungsmöglichkeiten ist das Ferienhaus (feriehus ['feriehüːs], auch als stuga ['stüːga] bekannt). Ferienhäuser finden Sie bei www.stugbo.de, www.novasol.de und (auf Englisch) www.stugguiden.se/en. Wenn Sie gern zelten, finden Sie auf www.camping.se schnell einen Zeltplatz.

Wo gibt es hier ⬚?	Var finns det här ⬚? [waːr fins deːt häːr]
F06 ☑ ein einfaches Hotel	☑ ett enkelt hotell [et engkelt hoˈtel]
F07 ☑ ein gutes Hotel	☑ ett bra hotell [et braː hoˈtel]
F08 ☑ ein Ferienhaus	☑ en stuga [en 'stuːga]
F09 ☑ eine Pension	☑ ett pensionat [et panschoˈnaːt]

F10 ☑ eine Jugendher- berge	☑ ett vandrarhem [et 'wandrarhem]
F11 ☑ einen Campingplatz	☑ en campingplats [en 'kampingplats]
Wo ist ⍰?	Var är ⍰? [waːr äːr]
F12 ☑ die Bar	☑ baren ['baːren]
F13 ☑ der Speisesaal	☑ matsalen ['maːtsaːlen]
Gibt es ⍰?	Finns det ⍰? [fins deːt]
F14 ☑ ein Telefon	☑ en telefon [en teleˈfoːn]
F15 ☑ einen Fernseher	☑ en TV [en teː weː]
F16 ☑ einen Zugang zum Internet	☑ tillgång till internet ['tilgong til 'internet]
F17 ☑ eine Waschma- schine	☑ en tvättmaskin [en 'twätmaschiːn]
F18 ☑ einen Trockner	☑ en torktumlare [en 'torktŭmlare]

Um etwas bitten
Be om något

Ich möchte ⍰.	Jag skulle gärna vilja ha ⍰. [jaː(g) 'skŭle 'järna 'wilja haː]
F19 ☑ ein anderes Zim- mer	☑ et annat rum [et 'anat rŭm]
F20 ☑ ein ruhiges Zimmer	☑ ett lugnt rum [et lŭngt rŭm]
F21 ☑ ein Nichtraucher- zimmer	☑ ett rum för icke rökare [et rŭm föːr 'ike 'röːkare]
F22 ☑ eine zusätzliche Decke	☑ ett extra täcke [et 'ekstra 'täke]
F23 ☑ noch ein Kissen	☑ en extra kudde [en 'ekstra 'kŭde]
F24 ☑ sauberes Bettzeug	☑ rena sängkläder ['reːna 'sängkläːder]

Sich beschweren

Beklaga sig

F25	Das Zimmer riecht unangenehm.	Rummet luktar illa. ['rŭmet 'lŭktar 'ila]
F26	Das Licht geht nicht.	Lyset fungerar inte. ['lü:set 'fŭngerar 'inte]
F27	Die Dusche funktioniert nicht.	Duschen fungerar inte. ['dŭschen 'fŭngerar 'inte]
F28	Die Toilette ist verstopft.	Toaletten är förstoppad. [tua'leten ä:r fö:r'stopad]
F29	Der Abfluss ist verstopft.	Avloppet är förstoppat. ['a:wlopet ä:r fö:r'stopat]
F30	Das Bettzeug ist schmutzig.	Sängkläderna är smutsiga. ['sängklä:derna ä:r 'smŭtsiga]
F31	Es gibt kein warmes Wasser.	Det finns inget varmvatten. [det fins 'inget warm'waten]
F32	Das Schloss ist kaputt.	Låset är sönder. ['lo:set ä:r 'sönder]
F33	Es ist zu laut.	Det är för högljutt. [de:t ä:r fö:r 'hö:gjŭt]
F34	Ich möchte ein anderes Zimmer.	Jag skulle vilja ha ett annat rum, tack. [ja:(g) 'skŭle 'wilja ha et 'anat rŭm tak]

Resa med barn

Mit Kindern reisen

Ganz allgemein
Allmänt

Reser du med barn? ['re:ser dü: me:d ba:rn]	Reisen Sie mit Kindern?

G01	Ja, wir sind mit *einem Kind/Kindern* unterwegs.	Ja, vi reser med *ett barn/barn*. [ja wi: 're:ser me:d et ba:rn/ba:rn]

Hur *gammalt/gamla* är *ditt barn/dina barn*? [hü:r 'gamalt/'gamla ä:r dit ba:rn/'di:na ba:rn]	Wie alt *ist Ihr Kind/ sind Ihre Kinder*?

G02	*Er/Sie* ist ... Jahre alt.	*Han/Hon* är ... år gammal. [han/hun ä:r ... o:r 'gamal]
G03	Ist das für Kinder geeignet?	Är det lämpligt för barn? [ä:r de:t 'lämpligt fö:r ba:rn]
G04	Gibt es eine Kinderermäßigung?	Kan man få barnrabatt? [kan man fo: 'ba:rnra'bat]

Sicherheit
Säkerhet

G05	Ist das auch ungefährlich für Kinder?	Är det ofarligt för barn? [ä:r de:t u:'fa:rligt fö:r ba:rn]
	Wir brauchen 🔲.	Vi behöver 🔲. [wi: be'hö:wer]
G06	☑ einen Kindersitz für das Auto	☑ en bilbarnstol till bilen [en 'bi:lba:rnstu:l til 'bi:len]
G07	☑ einen Kindersitz für das Fahrrad	☑ en barnsadel till cykeln [en 'ba:rnsa:del til 'sükeln]
G08	☑ einen Gurt, um das Kind anzuschnallen	☑ ett säkerhetsbälte för barn [et 'sä:kerhe:ts'bälte fö:r ba:rn]

Unterhaltung
Underhållning

Gibt es hier ☐?	Finns det ☐ här? [fins de:t ... hä:r]
G09 ☐ einen Spielplatz	☐ en lekplats [en 'le:kplats]
G10 ☐ ein Planschbecken	☐ en barnbassäng [en 'ba:rnbasäng]
G11 ☐ ein Spielwarenge-schäft	☐ en leksaksaffär [en 'le:ksa:ksa'fä:r]
G12 ☐ einen Freizeitpark	☐ en fritidspark [en 'fri:tidspark]
G13 Gibt es ein Programm mit Kinderunterhal-tung?	Finns det underhållning för barn? [fins de:t 'ŭnderholning fö:r ba:rn]
G14 Wir brauchen einen Babysitter.	Vi behöver en barnvakt. [wi: be'hö:wer en 'ba:rnwakt]

Beim Essen
Vid måltiden

G15 Wir suchen ein kin-derfreundliches Res-taurant.	Vi letar efter en barnvänlig restaurang. [wi 'le:tar 'efter en 'ba:rnwänlig restü'rang]
Haben Sie ☐?	Har du ☐? [ha:r dü:]
G16 ☐ einen Hochstuhl	☐ en barnstol [en 'ba:rnstu:l]
G17 ☐ ein Lätzchen	☐ en haklapp [en 'ha:klap]
G18 ☐ einen Stillraum	☐ ett amningsrum [et 'amningsrüm]
G19 ☐ eine Wickelmög-lichkeit	☐ ett skötbord [et 'schö:tbu:d]
G20 ☐ ein Kindermenü	☐ en barnmeny [en 'ba:rnme'nü:]
G21 Bieten Sie auch Kin-derportionen an?	Har du också barnportioner? [ha:r dü: 'okso: 'ba:rnport'schu:ner]

G22 Könnten Sie das Fläschchen aufwärmen?

Skulle du kunna vara så snäll och värma flaskan? ['skŭle dü: 'kŭna 'waːra soː snäl ok 'wärma 'flaskan]

G23 Könnten Sie das Gläschen aufwärmen?

Skulle du kunna vara så snäll och värma barnmatsburken? ['skŭle dü: 'kŭna 'waːra soː snäl ok 'wärma 'baːrnmaːts'bŭrken]

Särskilda behov
Besondere Bedürfnisse

Nützliches für behinderte Reisende
Bra att veta för resande med handikapp

Ich bin ☑.	Jag är ☑. [ja:(g) ä:r]
H01 ☑ behindert	☑ handikappad ['handi'kapad]
H02 ☑ sehbehindert	☑ synskadad ['sü:ns'ka:dad]
H03 ☑ blind	☑ blind [blind]
H04 ☑ schwerhörig	☑ hörselskadad ['hörsel'ska:dad]
H05 ☑ taub	☑ döv [dö:w]
H06 Könnten Sie bitte etwas lauter sprechen?	Skulle du kunna tala lite högre? ['skǔle dü: 'kǔna 'ta:la 'li:te 'hö:gre]
H07 Würden Sie das für mich aufschreiben?	Skulle du kunna skriva upp det åt mig? ['skǔle dü: 'kǔna 'skri:wa ǔp de:t o:t mej]
Gibt es ☑?	Finns det ☑? [fins de:t]
H08 ☑ Parkplätze für Behinderte	☑ handikappanpassade parkeringsplatser ['handikap'anpasade par'ke:rings'platser]
H09 ☑ einen Rollstuhl	☑ en rullstol [en 'rǔlstu:l]
H10 ☑ eine Rollstuhlauffahrt	☑ en rullstolsramp [en 'rǔlstu:ls'ramp]
H11 ☑ einen Behindertenzugang	☑ en handikappanpassad ingång [en 'handikap'anpasad 'ingong]
H12 ☑ eine Behindertentoilette	☑ en handikappanpassad toalett [en 'handikap'anpasad tua'let]
H13 ☑ eine Umziehkabine für Behinderte	☑ ett handikappanpassat omklädningsrum [et 'handikap'anpasat 'omklä:dningsrǔm]
H14 Ich hätte gern den Schlüssel für die Behindertentoilette.	Jag skulle gärna vilja ha nyckeln till handikapptoaletten. [ja:(g) 'skǔle 'jä:rna 'wilja ha: 'nükeln til 'handikaptua'leten]
Könnten Sie ☑?	Skulle du kunna ☑? ['skǔle dü: 'kǔna]
H15 ☑ mir helfen	☑ hjälpa mig ['jälpa mej]

H16	☑ mir über die Straße helfen	☑ hjälpa mig över gatan ['jälpa mej 'ö:wer 'ga:tan]
H17	☑ mir die Tür aufhalten	☑ hålla upp dörren åt mig ['hola ŭp 'dören o:t mej]
H18	☑ das für mich tragen	☑ bära den/det åt mig [bä:ra den/de:t o:t mej]
H19	☑ mich führen	☑ leda mig ['le:da mej]

| Akta, en kant/ett trappsteg! [akta en kant/et 'trapste:g] | Achtung, Stufe! |

H20	Kann ich meinen Blindenhund mitnehmen?	Kan jag ta med min ledarhund? [kan ja:(g) ta: me:d min 'le:darhŭnd]
H21	Kann ich meinen Blindenhund mit hineinnehmen?	Kan jag ta med min ledarhund in? [kan ja:(g) ta: me:d min 'le:darhŭnd in]
H22	Ist das für Behinderte geeignet?	Är det handikappanpassat? [ä:r de:t 'handikap'anpasat]
H23	Vielen Dank für Ihre Hilfe.	Tack så mycket för hjälpen. ['tak so: 'mü:ke fö:r 'jälpen]
H24	Danke, aber das schaffe ich allein.	Tack, men jag klarar det själv. [tak men ja:(g) 'kla:rar de:t 'schälw]

Tala med varandra

Miteinander sprechen

Bitten und danken
Be om och tacka

101	Danke (sehr).	Tack (så mycket). [tak (soː ˈmüke)]
102	Bitte sehr! *(wenn man jdm etw. anbietet)*	Varsågod! [ˈwarsoguːd]
103	Gern geschehen.	Ingen orsak. [ˈingen ˈuːsaːk]
104	Nein, danke.	Nej, tack. [nej tak]
105	Herzlichen Dank!	Hjärtligt tack! [ˈjärtlit tak]
106	Das war sehr nett von Ihnen/dir!	Det var mycket snällt av dig! [deːt waːr ˈmüke snält aːw dej]

Begrüßung und Verabschiedung
Hälsa och säga hej då

107	Guten Morgen!	God morgon! [guː ˈmoron]
108	Guten Tag!	God dag! [guː daːg]
109	Hallo!	Hej! [häj]
110	Guten Abend!	God kväll! [guː ˈkwäl]
111	Gute Nacht!	God natt! [guː nat]
112	Auf Wiedersehen!/ Tschüss!	Hej då! [häj doː]
113	Bis später!	Vi ses senare! [wi seːs ˈseːnare]
114	Bis morgen!	Vi ses i morgon! [wi seːs iː ˈmoron]

Sich vorstellen und von sich erzählen
Presentera sig och berätta om sig själv

115	Ich heiße …	Jag heter … [jaː(g) ˈheːter]
	Ich bin ⍰.	Jag är ⍰. [jaː(g) äːr]

116	☑ aus Deutschland	☑ från Tyskland [froːn ˈtüskland]
117	☑ aus Österreich	☑ från Österrike [froːn ˈösterˈriːke]
118	☑ aus der Schweiz	☑ från Schweiz [froːn schweits]
119	☑ ... Jahre alt	☑ ... år gammal [oːr ˈgamal]
120	☑ verheiratet	☑ gift [jift]
121	☑ geschieden	☑ skild [schild]
122	☑ ledig	☑ singel [ˈsingel]
123	Ich mache hier Urlaub.	Jag är här på semester. [jaː(g) äːr häːr poː seˈmester]
124	Ich wohne im ... Hotel.	Jag bor på ... hotell. [jaː(g) buːr poː ... hoˈtel]
125	Ich bleibe noch ... Tage.	Jag stannar ... dagar till. [jaː(g) ˈstanar ... ˈdaːgar til]
126	Ich bleibe noch ... Wochen.	Jag stannar ... veckor till. [jaː(g) ˈstanar ... ˈwekur til]
127	Ich bin ... von Beruf.	Jag arbetar som ... [jaː(g) ˈarbeːtar som]
128	Ich bin selbstständig.	Jag är egen företagare. [jaː(g) äːr ˈeːgen föreˈtaːgare]
129	Ich bin Student/Studentin.	Jag är student. [jaː(g) äːr stüˈdent]
130	Ich gehe noch zur Schule.	Jag går fortfarande i skolan. [jaː(g) goːr ˈfuːtfaːrande iː ˈskuːlan]
131	Ich habe Kinder.	Jag har barn. [jaː(g) haːr baːrn]
132	Ich habe eine Tochter.	Jag har en dotter. [jaː(g) haːr en ˈdoter]
133	Ich habe einen Sohn.	Jag har en son. [jaː(g) haːr en soːn]
	Das ist ☐.	Det är ☐. [deːt är]
134	☑ mein Mann	☑ min man [min man]
135	☑ meine Frau	☑ min fru [min früː]

136 ☑ mein Lebensgefährte/meine Lebensgefährtin	☑ min sambo [min 'sambuː]
137 ☑ mein Freund	☑ min pojkvän [min 'pojkwän]
138 ☑ meine Freundin	☑ min flickvän [min 'flikwän]
139 ☑ ein Freund	☑ en vän [en wän]
140 ☑ eine Freundin	☑ en väninna [en 'wänina]

Etwas über den anderen herausfinden

Ta reda på något över den andra

141 Darf ich fragen, wie Sie heißen/du heißt?	Ursäkta, vad heter du? ['üːrsäkta waːd 'heːter düː]
142 Wie geht es Ihnen/dir?	Hur är det? [hüːr äːr deːt]
143 Danke, gut.	Tack, bra. [tak braː]
144 Gefällt es Ihnen/dir hier?	Tycker du om det här? [tüker düː om deːt häːr]
145 Sehr gut.	Mycket bra. ['müke braː]
146 Geht schon.	Det är okej. [deːt äːr o'käj]
147 Wie alt sind Sie/bist du?	Hur gammal är du? [hüːr 'gamal äːr düː]
148 Woher kommen Sie/kommst du?	Varifrån kommer du? ['waːrifroːn 'komer düː]
149 Sind Sie/Bist du verheiratet?	Är du gift? [äːr düː jift]
150 Was machen Sie/machst du beruflich?	Vad arbetar du med? [waːd 'arbeːtar düː meːd]
151 Machen Sie/Machst du Urlaub hier?	Semestrar du här? [se'mestrar düː häːr]
152 Wie lange bleiben Sie/bleibst du noch?	Hur länge stannar du? [hüːr 'länge 'stanar düː]

I53	Wo wohnen Sie/ wohnst du?	Var bor du? [va:r bu:r dü:]

Sich verabreden und jemanden einladen
Bestämma träff och bjuda in någon

J01	Darf ich Sie/dich zu einem Getränk einladen?	Får jag bjuda dig på något att dricka? [fo:r ja:(g) bjü:da dej po: 'no:got at 'drika]
J02	Möchten Sie/Möchtest du etwas trinken?	Vill du ha något att dricka? [wil dü: ha: 'no:got at 'drika]
J03	Sollen wir etwas essen gehen?	Ska vi gå ut och äta? [ska: vi: go: ü:t ok 'ä:ta]
J04	Hätten Sie Lust/Hättest du Lust, heute Abend auszugehen?	Har du lust att gå ut i kväll? [ha:r dü: lüst at go: ü:t i: kwäl]
J05	Wir treffen uns um ... Uhr.	Vi träffas klockan ... [wi: 'träfas 'klokan]
J06	Wir treffen uns in einer Stunde.	Vi träffas om en timme. [wi: 'träfas om en 'time]
	Wir treffen uns ☐.	Vi träffas ☐. [wi: 'träfas]
J07	☑ hier	☑ här [hä:r]
J08	☑ im Hotel	☑ på hotellet [po: ho'telet]
J09	☑ an der Bar	☑ vid baren [wi:d 'ba:ren]
J10	☑ am Eingang	☑ vid ingången [wi:d 'ingongen]
J11	Ich begleite Sie/dich noch nach Hause.	Jag följer dig hem. [ja:(g) 'följer dej hem]
J12	Kann ich Sie/dich irgendwo hinfahren?	Kan jag köra dig någonstans? [kan ja:(g) 'schö:ra dej 'no:gonstans]
J13	Kann ich Sie/dich irgendwo absetzen?	Kan jag sätta av dig någonstans? [kan ja:(g) 'säta a:w dej 'no:gonstans]

J14	Ich hole Sie/dich ab.	**Jag hämtar dig.** [ja:(g) 'hämtar dej]
J15	Nein danke. Das ist nicht notwendig.	**Nej tack. Det är inte nödvändigt.** [nej tak de:t är 'inte 'nö:dwändit]
J16	Ja bitte. Das ist sehr nett von Ihnen/dir.	**Ja tack. Det vore snällt av dig.** [ja tak de:t 'wure snält a:w dej]
J17	Danke für die Einladung.	**Tack för inbjudan.** [tak fö:r 'inbjü:dan]
J18	Kann ich Sie/dich wiedersehen?	**Kan vi träffas igen?** [kan wi: 'träfas 'ijen]
J19	Ja, sehr gern.	**Ja, mycket gärna.** [ja 'müke 'jä:rna]
J20	Vielleicht.	**Kanske.** ['kansche]
J21	Ich habe leider keine Zeit.	**Jag har tyvärr inte tid.** [ja:(g) ha:r 'tüwär 'inte ti:d]
J22	Lieber nicht.	**Helst inte.** [helst 'inte]
J23	Nein danke!	**Nej tack!** [nej tak]

Komplimente und wie man darauf reagiert
Komplimanger, och hur man reagera på dem

J24	Sie sehen/Du siehst toll aus!	**Du ser bra ut!** [dü: se:r bra: ü:t]
J25	Sie haben/Du hast ein nettes Lächeln.	**Du har ett fint leende.** [dü: ha:r et fi:nt 'le:|ende]
J26	Sie haben/Du hast wunderschöne Augen.	**Du har vackra ögon.** [dü: ha:r 'wakra 'ö:gon]
J27	Sie sind/Du bist wunderschön.	**Du är vacker.** [dü: är 'waker]
J28	Danke für das Kompliment.	**Tack för komplimangen.** [tak fö:r kompli'mangen]
J29	Das war ein sehr schöner Abend.	**Det var en mycket trevlig kväll.** [de:t wa:r en 'müke 'tre:wlig kwäl]

53

J30 Mit Ihnen/dir kann man sich gut unterhalten.	Det är trevligt att prata med dig. [deːt äːr ˈtreːwlit at ˈpraːta meːd dej]
J31 Sie gefallen/Du gefällst mir sehr.	Jag tycker mycket om dig. [jaː(g) ˈtüker ˈmüke om dej]
J32 Übertreiben Sie/Übertreib nicht!	Överdriv inte! [ˈöːwerdriːw ˈinte]
J33 Hör bloß auf!	Sluta! [ˈslüːta]
J34 Ich bin leider schon vergeben.	Jag är tyvärr upptagen. [jaː(g) äːr ˈtüwär ˈüptaːgen]
J35 Tut mir leid, du bist nicht mein Typ!	Tyvärr, du är inte min typ! [ˈtüwär düː äːr ˈinte min ˈtüːp]

Zustimmen und ablehnen
Hålla med och avvisa

J36 Das ist in Ordnung.	Det är okej. [deːt äːr oˈkäi]
J37 Ja, bitte.	Ja, tack. [jaː tak]

J38	Damit bin ich einverstanden.	Det håller jag med om. [deːt ˈholer jaː(g) meːd om]
J39	Das gefällt mir.	Det gillar jag. [deːt ˈjilar jaː(g)]
J40	Das möchte ich gern tun.	Det skulle jag gärna vilja göra. [deːt ˈskŭle jaː(g) ˈjäːrna ˈwilja ˈjöːra]
J41	Das ist sehr gut.	Det är mycket bra. [deːt äːr ˈmüke braː]
J42	Das ist super!	Det är jätte bra! [deːt äːr ˈjäte braː]
J43	Nein, danke!	Nej, tack! [nej tak]
J44	Das gefällt mir nicht.	Det gillar jag inte. [deːt ˈjilar jaː(g) ˈinte]
J45	Das möchte ich nicht tun.	Det vill jag inte göra. [deːt wil jaː(g) ˈinte ˈjöːra]
J46	Das sehe ich anders.	Det tycker jag inte. [deːt ˈtüker jaː(g) ˈinte]
J47	Das ist schlecht.	Det är dåligt. [deːt äːr ˈdoːlit]
J48	Das ist furchtbar.	Det är fruktansvärt. [deːt äːr ˈfrŭktansˈwäːrt]
J49	Das kommt gar nicht in Frage!	Det kommer inte på tal! [deːt ˈkomer ˈinte poː taːl]
J50	Auf keinen Fall!	Definitivt inte! [ˈdefinitift ˈinte]

Bedauern ausdrücken und sich entschuldigen
Beklaga och ursäkta sig

J51	Tut mir leid.	Förlåt. [föːrˈloːt]
J52	Das tut mir sehr leid.	Jag är hemskt ledsen för det. [jaː(g) äːr hemskt lesen föːr deːt]
J53	Ich möchte mich entschuldigen.	Jag vill be om ursäkt. [jaː(g) wil beː om ˈüːrsäkt]
J54	Das soll nicht mehr vorkommen.	Det ska inte ske igen. [deːt skaː ˈinte scheː iˈjen]
J55	Da habe ich Sie/dich falsch verstanden.	Då missförstod jag dig. [doː ˈmisförstud jaː(g) dej]

J56	Das war ein Missverständnis.	Det var ett missförstånd. [deːt waːr et 'misförstond]
J57	Das war meine Schuld.	Det var mitt fel. [deːt waːr mit feːl]
J58	Das macht doch nichts!	Det gör ingenting! [deːt jöːr 'ingenting]
J59	Kein Problem.	Det är inga problem. [deːt äːr 'inga pru'bleːm]

Allt om tiden

Rund um die Zeit

Die Uhrzeit
Tiden

K01	Wie spät ist es?	Hur mycket är klockan? [hü:r 'müke ä:r 'klokan]
	Es ist ☑.	Den är ☑. [den ä:r]
K02	☑ *ein/zwei/drei* Uhr	☑ *ett/två/tre* [et/two:/tre:]
K03	☑ *sechs/sieben/acht* Uhr morgens	☑ *sex/sju/åtta* på morgonen [seks/schü:/'ota po: 'moronen]
K04	☑ *sechs/sieben/acht* Uhr abends	☑ *sex/sju/åtta* på kvällen [seks/schü:/'ota po: 'kwälen]
K05	☑ *drei/vier* Uhr nachmittags	☑ *tre/fyra* på eftermiddagen [tre:/'fü:ra po: 'efter'mida:gen]
K06	☑ *achtzehn/neunzehn/zwanzig* Uhr	☑ *arton/nitton/tjugo* ['a:rton/'niton/'schü:gu]
K07	☑ halb zehn	☑ halv tio [halw 'ti:u]
K08	☑ Viertel vor fünf	☑ kvart i fem [kwart i: fem]
K09	☑ Viertel nach vier	☑ kvart över fyra [kwart 'ö:wer 'fü:ra]
K10	☑ zwei Minuten vor sechs	☑ två minuter i sex [two: mi'nü:ter i: seks]
K11	☑ fünf nach sieben	☑ fem minuter över sju [fem mi'nü:ter 'ö:wer schü:]
K12	Es ist zu früh.	Det är för tidigt. [de:t ä:r fö:r 'ti:digt]
K13	Es ist zu spät.	Det är för sent. [de:t ä:r fö:r se:nt]
K14	Wann treffen wir uns?	När ska vi träffas? [nä:r ska wi: 'träfas]
K15	Um wie viel Uhr?	Hur dags? [hü:r daks]
K16	um 12 Uhr mittags	klockan tolv mitt på dagen ['klokan tolw mit po: 'da:gen]
K17	um Mitternacht	vid midnatt [wi:d 'mi:dnat]
K18	in einer Stunde	om en timme [om en 'time]
K19	in einer halben Stunde	om en halvtimme [om en halw'time]

58

K20	in einer viertel Stunde	om en kvart [om en kwart]
K21	in *fünf/zehn* Minuten	om *fem/tio* minuter [om fem/'ti:u mi'nü:ter]
K22	Bis später.	Vi ses senare. [wi: se:s 'se:nare]
K23	Bis dann.	Vi ses. [wi: se:s]

Die Tageszeiten
Indelningen av dagen

K24	am Morgen	på morgonen [po: 'moronen]
K25	am Vormittag	på förmiddagen [po: 'fö:rmida:gen]
K26	am Nachmittag	på eftermiddagen [po: 'efter'mida:gen]
K27	am Abend	på kvällen [po: 'kwälen]
K28	in der Nacht	på natten [po: 'naten]
K29	heute Morgen	i morse [i: 'morse]
K30	heute Vormittag *(Vergangenheit)*	i förmiddags [i: 'fö:rmida:gs]
	(Zukunft)	idag på förmiddagen [ida:g po: 'förmida:gen]
K31	heute Nachmittag *(Vergangenheit)*	i eftermiddags [i: 'eftermida:gs]
	(Zukunft)	idag på eftermiddagen [ida:g po: 'eftermida:gen]
K32	heute Mittag	idag vid middagstid [i:'da:g wi:d 'mida:sti:d]
K33	heute Abend	ikväll [i:'kwäl]
K34	heute Nacht	inatt [i:'nat]
K35	morgen früh	i morgon bitti [i: 'moron 'biti]
K36	morgen Vormittag	i morgon förmiddag [i: 'moron 'fö:rmida:g]
K37	morgen Mittag	i morgon vid lunchtid [i: 'moron wi:d 'lŭnschti:d]
K38	morgen Nachmittag	i morgon eftermiddag [i: 'moron 'eftermida:g]
K39	morgen Abend	i morgon kväll [i: 'moron kwäl]

K40	morgen Nacht	i morgon natt [i: 'moron nat]
K41	morgens	på morgonen [po: 'moronen]
K42	vormittags	på förmiddagen [po: 'för:mida:gen]
K43	nachmittags	på eftermiddagen [po: 'eftermida:gen]
K44	abends	på kvällen [po: 'kwälen]
K45	nachts	på natten [po: 'naten]
K46	tagsüber	under dagen ['ünder 'da:gen]
K47	vorgestern	i förrgår [i: 'för:go:r]
K48	gestern	i går [i: go:r]
K49	heute	idag [i:'da:g]
K50	morgen	i morgon [i: 'moron]
K51	übermorgen	i övermorgon [i: 'ö:wermoron]

Die Woche
Veckan

L01	in einer Woche	om en vecka [om en 'weka]
L02	in zwei Wochen	om två veckor [om two: 'weku:r]
L03	Montag	måndag ['monda:g]
L04	Dienstag	tisdag ['ti:sda:g]
L05	Mittwoch	onsdag ['unsda:g]
L06	Donnerstag	torsdag ['tu:sda:g]
L07	Freitag	fredag ['fre:da:g]
L08	Samstag	lördag ['lö:rda:g]
L09	Sonntag	söndag ['sönda:g]
L10	montags	på måndagar [po: 'monda:gar]
L11	am Dienstag	på tisdag [po: 'ti:sda:g]
L12	jeden Mittwoch	varje onsdag ['warje 'unsda:g]
L13	bis Donnerstag	till och med torsdag [til ok me:d 'tu:sda:g]

L14	Freitag Abend	fredag kväll ['fre:da:g kwäl]
L15	nächsten Samstag	nästa lördag ['nästa 'lö:rda:g]
L16	seit dem 1. Mai	sedan första maj ['se:dan 'första maj]
L17	seit zwei Tagen	sedan två dagar ['se:dan two: 'da:gar]

Die Monate
Månaderna

L18	Januar	januari [janǔ'a:ri]
L19	Februar	februari [febrǔ'a:ri]
L20	März	mars [mars]
L21	April	april [a'pril]
L22	Mai	maj [maj]
L23	Juni	juni ['jü:ni]
L24	Juli	juli ['jü:li]
L25	August	augusti [a̯u'gǔsti]
L26	September	september [sep'tember]
L27	Oktober	oktober [ok'tu:ber]
L28	November	november [no'wember]
L29	Dezember	december [de'sember]
L30	In welchem Monat ...?	I vilken månad ...? [i: 'wilken 'mo:nad]
L31	im Januar	i januari [i: janǔ'a:ri]

Die Jahreszeiten
Årstiderna

L32	Frühling	vår [wo:r]
L33	Sommer	sommar ['somar]
L34	Herbst	höst ['höst]
L35	Winter	vinter ['winter]
L36	im Frühling	på våren [po: 'wo:ren]

| L37 | das ganze Jahr über | under hela året ['ünder 'he:la 'o:ret] |
| L38 | die Jahreszeit für ... | årstiden för ... ['o:rsti:den fö:r] |

Das Datum
Datumet

L39	Der Wievielte ist heute?	Vad är det för datum i dag? [wa:d ä:r de:t fö:r 'da:tüm i: da:g]
L40	Heute ist der *Erste/ Zweite/Dritte*.	I dag är det den *första/andra/tredje*. [i: da:g ä:r de:t den 'första/'andra/'tre:dje]
L41	Heute ist der vierte Januar.	I dag är det den fjärde januari. [i: da:g ä:r de:t den 'fjärde janü'a:ri]
L42	am fünften Februar	den femte februari [den 'femte febru'a:ri]
L43	bis zum sechsten März	till och med den sjätte mars ['til ok me:d den 'schete mars]

In Schriftstücken formliert man das Datum ohne Komma oder Punkt so: Berlin den 7 april 2011 [ber'li:n den 'schünde a'pril two: 'tü:sen 'elwa] (*Berlin, 7. April 2011*)
Wenn man das Datum in kürzerer Form angeben möchte, gilt üblicherweise diese Reihenfolge: das Jahr, der Monat und der Tag (JJJJ-MM-TT).

Feiertage
Helgdagar

| L44 | Heute ist ein Feiertag. | Idag är det en helgdag. [i:da:g ä:r de:t en helj'da:g] |

nyårsdagen ['nü:o:rs'da:gen]	Neujahrstag, 1. Januar

trettondedag jul ['tretonda:g jü:l]	wörtlich der *drei-zehnte Weihnachts-feiertag*, entspricht dem Tag der Heiligen Drei Könige, 6. Januar

Nach schwedischem Gesetz dürfen Geschäfte auch an Feierta-gen und Sonntagen öffnen und so haben Supermärkte, die grö-ßeren Einzelhandelsketten und einige andere Geschäfte einge-schränkt geöffnet. Geldinstitute und die meisten anderen Firmen schließen jedoch ihre Pforten. Museen und Ausstellun-gen haben in der Regel geöffnet, doch sollte man sich sicher-heitshalber vor einem Besuch im Internet informieren.
In Schweden nennt man einen Feiertag übrigens auch röd dag [rö:d da:g] (ein *roter Tag* im Kalender).

fettisdagen ['fet|tis'da:gen]	Tag vor Aschermitt-woch und Beginn der Fastenzeit

Fettisdagen heißt wörtlich *fetter Dienstag*. Früher wurde hier vor der Fastenzeit ein letztes Mal so richtig geschlemmt. Davon ist heutzutage eigentlich nur noch das traditionelle semmla ['semla] oder fastlagsbulle ['fastlags'bule] genannte Gebäck übrig-geblieben, eine Art mit Mandelmasse und Schlagsahne gefüll-tes Brötchen. Probieren Sie es mal!

långfredagen ['longfre:'da:gen]	Karfreitag
påskafton ['poskafton]	Ostersamstag, an dem die Kinder mit Süßigkeiten beschenkt werden

påskdagen ['poskda:gen]	Ostersonntag
annandag påsk ['ananda:g posk]	Ostermontag
Valborgsmässoafton ['wa:lborjs'mäsu'afton]	Walpurgisabend, 30. April

Auch wenn der 30. April kein arbeitsfreier Tag ist, ist der Walpurgisabend etwas Besonderes. Man verabschiedet sich vom langen Winter und heißt den Frühling mit Feuern und Feiern willkommen. Wenn Sie können, verbringen Sie den 30. April in der Universitätsstadt Uppsala. Dort wird bis spät in die Nacht gefeiert und die Studenten sorgen schon tagsüber auf vielfältige Weise für Unterhaltung.

första maj ['första maj]	Tag der Arbeit, 1. Mai
Kristi himmelfärdsdag ['kristi 'himelfä:rdsda:g]	Christi Himmelfahrt
pingstdagen ['pingstda:gen]	Pfingstsonntag
svenska nationaldagen/svenska flaggans dag ['swenska natscho'na:l'da:gen/'swenska 'flagans da:g]	Flaggentag – der schwedische Nationafeiertag, 6. Juni

Am Nationalfeiertag ist die schwedische Königsfamilie auf verschiedenen Veranstaltungen zu sehen. Wenn Sie zu den Royalisten gehören, gehen Sie doch mal auf www.kungahuset.se. Dort können Sie unter anderem (auf Schwedisch oder Englisch) im königlichen Kalender nachlesen, welchen Verpflichtungen Kronprinzessin Viktoria oder ihr Mann Prinz Daniel aktuell nachkommen. Dort finden Sie auch Neuigkeiten aus dem Königspalast und jede Menge Fotos mit königlichen Motiven.

midsommarafton ['midsomar'afton]	Mittsommerabend, Freitag zwischen dem 19. und 25. Juni

midsommardagen ['midsomar'da:gen] | Mittsommertag,
Samstag zwischen
dem 20. und 26. Juni

Midsommarstång

Das ausgiebig gefeierte Mittsommerfest zur Sonnenwende wird von Freitag bis Samstagnacht zwischen dem 19. und 26. Juni gefeiert. Obwohl dieser Tag kein offizieller Feiertag ist, haben viele Geschäfte geschlossen. Man feiert überall in Schweden, aber viele Städter zieht es auf das Land. Die midsommarstång wird aufgestellt, ein Brauch, der dem Errichten des Maibaums in Bayern ähnlich ist. Mit Freunden und Verwandten lässt man es sich bei Kartoffeln, Heringdipps, Erdbeeren, Bier und Schnaps gutgehen.

alla helgons dag ['ala 'helgons 'da:gen]	Allerheiligen, immer samstags zwischen dem 31. Oktober und 6. November
Lucia ['lüsi:a]	Luciafest, 13. Dezember

Das Luciafest ist nach der heiligen Lucia benannt. Obwohl es kein offizieller Feiertag ist, handelt es sich hier um einen sehr beliebten und verbreiteten Brauch. Die jeweils älteste Tochter der Familie übernimmt die Rolle der Lucia. Sie trägt ein weißes Kleid mit rotem Band um die Taille und einen Lichterkranz auf dem Haupt. Jede Stadt wählt dann aus der Mädchenschar eine Lucia. Die Kandidatinnen werden im Vorlauf in den Zeitungen bekannt gegeben. Auch in Schulen und Kindergärten wird eine eigene Lucia gekürt. Zum Fest verzehrt man traditionell das safranhaltige Hefegebäck lussekatter ['lüsekater] und genehmigt sich einen glögg [glög], den schwedischen Glühwein.

Lussekatter

julafton ['jü:lafton]	Heiligabend, 24. Dezember
juldagen ['jü:lda:gen]	1. Weihnachtstag, 25. Dezember
annandag jul ['anan da:g jü:l]	2. Weihnachtstag, 26. Dezember
nyårsafton ['nü:o:rs'afton]	Silvester, 31. Dezember

Gastronomiskt och kulinariskt

Gastronomisches und Kulinarisches

So fängt der Tag gut an

En bra start på dagen

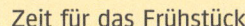

Zeit für das Frühstück

Das schwedische Frühstück (frukost ['frükost]) mit Wurst, Käse, Tee und Kaffee ist dem deutschen recht ähnlich. Doch einige Unterschiede gibt es schon: Zu den üblichen Getränken kommt gern ein Blaubeersaft hinzu. Außer Brötchen isst man auch Knäckebrot. Neben Joghurt ist filmjölk ['fi:lmjölk] sehr beliebt, eine Art Dickmilch, in die man Müsli oder Haferflocken gibt. Abgerundet wird dies mit Zimt und Zucker, Konfitüre oder Beerenkompott. Gern gegessen wird auch havregrynsgröt ['ha:wregrü:nsgrö:t], mit Milch übergossene Hafergrütze mit Apfelmus oder Konfitüre. Sie könnten auch einen Griesbrei mit Apfelmus, mannagrynsgröt ['managrü:nsgrö:t], probieren. Wer gern Fisch ist, wird von den unterschiedlich marinierten Heringshappen begeistert sein.

M01 Kann man hier frühstücken?	Kan man äta frukost här? [kan man 'ä:ta 'frükost hä:r]
M02 Wann gibt es Frühstück?	När är det frukost? [nä:r ä:r de:t 'frükost]

Det är frukost från klockan åtta till klockan halv tio. [de:t ä:r 'frükost fro:n 'klokan 'ota til 'klokan halw 'ti:u]	Frühstück gibt es von 8 Uhr bis 9.30 Uhr.

Ich nehme ☐.	Jag skulle vilja ha ☐. [ja:(g) 'skūle 'wilja ha:]
M03 ☑ frisch gepressten Orangensaft	☑ färsk pressad apelsinjuice [färsk 'presad apel'si:nju:s]
M04 ☑ Grapefruitsaft	☑ grapefruktjuice ['gräipfrüktju:s]
M05 ☑ warme Milch	☑ varm mjölk [warm mjölk]

M06 ☑ kalte Milch	☑ kall mjölk [kal mjölk]
M07 ☑ (koffeinfreien) Kaffee	☑ (koffeinfritt) kaffe [(kofe'i:nfrit) 'kafe]
M08 ☑ Tee	☑ te [te:]
M09 ☑ eine heiße Schokolade	☑ en varm choklad [en warm scho'kla:d]
M10 *mit/ohne* Zucker	*med/utan* socker [me:d/'ü:tan 'soker]
M11 *mit/ohne* Milch	*med/utan* mjölk [me:d/'ü:tan mjölk]
M12 mit einem Löffel Zucker	med en tesked socker [me:d en 'te:sche:d 'soker]
M13 mit *zwei/drei* Löffeln Zucker	med *två/tre* teskedar socker [me:d two:/tre: 'te:sche:dar 'soker]
Ich hätte gern ☑.	Jag skulle gärna vilja ha ☑. [ja:(g) 'skűle 'jä:rna 'wilja ha:]
M14 ☑ ein weich gekochtes Ei	☑ ett löskokt ägg [et 'lö:skukt äg]
M15 ☑ ein hart gekochtes Ei	☑ ett hårdkokt ägg [et 'ho:rdkukt äg]
M16 ☑ ein Spiegelei	☑ ett stekt ägg [et ste:kt äg]
M17 ☑ ein pochiertes Ei	☑ ett pocherat ägg [et po'sche:rat äg]
M18 ☑ Rührei mit Speck	☑ äggröra med fläsk ['ägrö:ra me:d fläsk]
M19 ☑ Honig	☑ honung ['ho:nűng]
M20 ☑ Blaubeermarmelade	☑ blåbärsmarmelad ['blo:bä:rsmarme'la:d]
M21 ☑ Erdbeermarmelade	☑ jordgubbsmarmelad ['ju:dgübsmarme'la:d]
M22 ☑ Himbeermarmelade	☑ hallonmarmelad ['halonmarme'la:d]
M23 ☑ Grapefruit	☑ grapefrukt ['gräipfrükt]
M24 ☑ Jogurt mit frischen Früchten	☑ yoghurt med färsk frukt ['jogűrt me:d färsk frükt]
M25 ☑ eine Schale Müsli	☑ en skål med müsli [en 'sko:l me:d 'müsli]

M26 ☑ Haferflocken	☑ havregryn ['hawregrü:n]
M27 ☑ Cornflakes	☑ cornflakes ['kornfläjks]
M28 ☑ ein Croissant	☑ en croissant [en krua'sang]
M29 ☑ ein Brötchen	☑ en fralla [en 'frala]
M30 Könnte ich noch etwas Brot bekommen?	Kan jag få lite mer bröd, tack? ['kan ja:(g) fo: 'li:te me:r brö:d tak]
M31 Könnte ich noch etwas Toast bekommen?	Kan jag få lite mer rostat bröd, tack? ['kan ja:(g) fo: 'li:te me:r 'rostat brö:d tak]

Butter ist in Schweden oft leicht gesalzen, was nicht jedermanns Geschmack ist. Man kann aber auch ungesalzene Butter bekommen.

M32 Gibt es auch ungesalzene *Butter/Margarine*?	Finns det också osaltat *smör/margarin*? [fins de:t 'okså 'u:saltat smö:r/marga'ri:n]

Middag heißt nicht *Mittagessen*

Die Schweden nehmen in der Regel erst abends eine gemeinsame warme Mahlzeit ein, die aber middag ['mida:g] genannt wird. Mittags wird eine leichte, kalte oder warme Mahlzeit, lunch [lünsch], verzehrt. In Kantinen und Restaurants wird häufig um die Mittagszeit ein günstiges Mittagsangebot für einen dagens lunch ['da:gens lünsch] gemacht.

Zum Essen ausgehen

Gå ut och äta

In Schweden herrscht in der Regel in allen umschlossenen, öffentlichen Räumen allgemeines Rauchverbot, also auch in Bars, Restaurants und anderen gastronomischen Betrieben.

M33	Gibt es ein gutes Restaurant in der Nähe?	Finns det en bra restaurang i närheten? [fins de:t en bra: restü'rang i: 'nä:rhe:ten]
	Können Sie mir ☐ empfehlen?	Kan du rekommendera mig ☐? [kan dü: rekomen'de:ra mej]
M34	☑ ein *schwedisches/ französisches* Restaurant	☑ en *svensk/fransk* restaurang [en swensk/ fransk restü'rang]
M35	☑ ein *italienisches/ chinesisches* Restaurant	☑ en *italiensk/kinesisk* restaurang [en itali'e:nsk/schi'ne:sisk restü'rang]

M36 ☑ eine Pizzeria	☑ en pizzeria [en pize'ri:a]
M37 ☑ eine Kneipe	☑ en krog [en kru:g]
M38 ☑ eine Bar	☑ en bar [en ba:r]
M39 ☑ ein Café	☑ ett café [et ka'fe:]
M40 ☑ eine Wurstbude	☑ en korvkiosk [en 'korwschosk]

Den richtigen Tisch bekommen
Få det riktiga bordet

M41 Ich möchte für 19 Uhr einen Tisch reservieren.	Jag skulle gärna vilja reservera ett bord till klockan sju i kväll. [ja:(g) skůle 'jä:rna 'wilja reser'we:ra et bu:d til 'klokan schü: i: kwäl]
M42 Einen Tisch für *eine Person/fünf Personen*, bitte!	Ett bord för *en person/fem personer*, tack! [et bu:d fö:r en per'su:n/fem per'su:ner tak]
M43 Einen Tisch am Fenster, bitte.	Ett bord vid fönstret, tack. [et bu:d wi:d 'fönstret tak]
M44 Könnten wir einen anderen Tisch haben?	Skulle vi kunna få ett annat bord? ['skůle wi: 'kůna fo: et 'anat bu:d]
M45 Wir nehmen diesen da.	Vi tar det där. [wi: tar de:t dä:r]
M46 Brauchen Sie diesen Stuhl?	Kan jag ta den här stolen? [kan ja:(g) ta: den hä:r 'stu:len]
M47 Ist dieser Tisch noch frei?	Är det här bordet ledigt? [ä:r de:t hä:r 'bu:det 'le:dit]

Bestellen
Beställa

Ville du beställa nu? ['wil dü: be'stäla nü:]	Möchten Sie jetzt bestellen?
Vad skulle du gärna vilja ha? [wa:d skůle dü: jä:rna 'wilja ha:]	Was hätten Sie gern?

Vad kan jag servera dig? [va:d kan ja:(g) ser'we:ra]	Was darf ich Ihnen bringen?

Könnten wir/Könnte ich bitte ☐ bekommen?	Skulle *vi/jag* kunna få ☐, tack? [skŭle wi:/ ja:(g) 'kŭna fo: ... tak]
M48 ☑ die Speisekarte	☑ menyn [me'nü:n]
M49 ☑ die Kinderkarte	☑ barnmenyn [ba:rnme'nü:n]
M50 ☑ die Dessertkarte	☑ efterrättsmenyn ['efterrätsme'nü:n]
M51 ☑ die Getränkekarte	☑ listan över dryckerna ['listan 'ö:ver 'drükerna]
M52 ☑ die Weinkarte	☑ vinlistan ['wi:nlistan]
M53 Wir möchten bestellen.	Vi skulle gärna vilja beställa. [wi 'skŭle 'jä:rna 'wilja be'stäla]
Ich hätte gern ☐.	Jag skulle gärna vilja ha ☐. [ja:(g) 'skŭle 'jä:rna 'wilja ha]
Wir nehmen ☐.	Vi ta ☐. [wi: ta:r]
M54 ☑ ein Glas ...	☑ ett glas ... [et gla:s]
M55 ☑ eine Flasche ...	☑ en flaska ... [en 'flaska]

Drycker
Getränke

mineralvatten med kolsyra ['minera:l'waten me:d 'ko:lsü:ra]	Mineralwasser mit Kohlensäure
mineralvatten utan kolsyra ['minera:lwaten ü:tan ko:lsü:ra]	stilles Wasser
apelsinjuice [apel'si:nju:s]	Orangensaft
äppeljuice ['äpelju:s]	Apfelsaft
druvjuice ['drü:wju:s]	Traubensaft
fläderbärsjuice ['flä:derbä:rsju:s]	Holunderbeerensaft
vinbärsjuice ['wi:nbä:rsju:s]	Johannisbeersaft
läsk [läsk]	Limonade
cola ['ko:la]	Cola
äppelcider ['äpelsi:der]	Apfelcider
päroncider ['pä:ronsi:der]	Birnencider
öl [ö:l]	Bier
torrt vin n. [tort wi:n]	trockener Wein
halv torrt vin n. ['halw tort wi:n]	halbtrockener Wein
sött vin n. [söt wi:n]	lieblicher Wein
vitvin n. ['wi:twi:n]	Weißwein
rosé [ru'se:]	Rosé
rödvin n. ['rö:dwi:n]	Rotwein
tyskt mouserande vin n. [tüskt mu'se:rande wi:n]	Sekt
champagne [scham'panj]	Champagner
snaps [snaps]	Schnaps

akvavit [akwa'wiːt]

Aquavit, Getreide- oder Kartoffelschnaps mit Kümmel- und Dillaroma

In Schweden liebt man zu Festlichkeiten Hochprozentiges. Das gilt besonders für Wodka. Trinksprüche und -lieder sind sehr beliebt und verbreitet. Man prostet sich mit einem herzlichen Skål! [skoːl] zu.

brännvin n. ['bränviːn]

Branntwein

glögg [glög]

süßer Glühwein

hallands fläder ['halands 'fläːder]

Holunderschnaps

vodka ['wodka]

Wodka

Mit dem Trinken von Alkohol außerhalb des Heims oder Restaurants sollte man zurückhaltend sein. In vielen Orten darf man nur leichtes Bier (folköl ['folköːl]) mit bis zu 2,8 % vol. auf öffentlichen Plätzen trinken. Der öffentliche Konsum von mittelstarkem Bier, mellanöl ['melanöːl] (bis 3,5 % vol.), Starkbier (starköl ['starköːl] mit über 3,5 % vol.) oder Hochprozentigerem kann von der Polizei mit einem Bußgeld bestraft werden. Folköl kann man in Supermärkten einkaufen; alles, was mehr als 2,8. % vol. enthält, muss man beim Systembolaget, dem staatlichen Alkoholmonopol einkaufen. Über den Alkoholeinkauf beim Systembolaget können Sie sich (auf Englisch) bei www.systembolaget.se/English erkundigen. In jedem Fall sind die Alkoholpreise weit höher als im deutschsprachigen Raum.

Zeit für das Essen

Dags att äta

N01	Gibt es noch warme Küche?	Serveras det fortfarande varm mat? [ser'we:ras de:t 'futfa:rande warm ma:t]
N02	Ich möchte nur eine Kleinigkeit essen.	Jag vill bara äta något litet. [ja:(g) wil 'ba:ra 'ä:ta 'no:got 'li:tet]
N03	Geben Sie mir noch zwei Minuten, bitte!	Ge mig ett par minuter till, tack! [je: mej et pa:r mi'nü:ter til tak]
N04	Was empfehlen Sie?	Vad rekommenderar du? [wa:d rekomen'de:rar dü:]
N05	Als Vorspeise nehme ich ...	Jag tar ... till förrätt. [ja:(g) ta:r ... til 'fö:rät]
N06	Als Hauptgericht nehme ich ...	Jag tar ... till huvudrätt. [ja:(g) tar ... til 'hüwüdrät]
N07	Als Nachspeise nehme ich ...	Jag tar ... till efterrätt. [ja:(g) ta:r ... til 'efterät]
	Könnte ich anstelle von A bitte B bekommen?	Kann jag få A istället för B, tack? ['kan ja:(g) fo: A 'i:stället fö:r B tak]
N08	Könnte ich noch etwas ... haben?	Skulle jag kunna få lite mer, tack ...? ['sküle ja:(g) 'kŭna fo: 'li:te me:r tak]
N09	Könnte ich noch einen/eine/ein ... haben?	Skulle jag kunna få en/ett ... till, tack? ['sküle ja:(g) 'kŭna fo: en/et ... til tak]
N10	Ist das scharf?	Är det starkt? [ä:r de:t starkt]
N11	Ist das mild?	Är det milt? [ä:r de:t milt]
N12	Ist das sauer?	Är det surt? [ä:r de:t sü:rt]
N13	Ist das süß?	Är det sött? [ä:r de:t söt]
	Würden Sie bitte ☐ bringen?	Kan du vara snäll och hämta ☐? [kan dü: 'wa:ra snäl ok 'hämta]
N14	☑ Besteck	☑ bestick [be'stick]

77

N15 ☑ ein Messer	☑ en kniv [en kniːw]
N16 ☑ eine Gabel	☑ en gaffel [en ˈgafel]
N17 ☑ einen Löffel	☑ en sked [en scheːd]
N18 ☑ eine Serviette	☑ en servett [en serˈwet]
N19 ☑ noch einen Teller	☑ en tallrik till [en ˈtalrik til]
N20 ☑ Pfeffer und Salz	☑ peppar och salt [ˈpepar ok salt]
N21 ... zum Mitnehmen	... för att ta med sig [föːr at taː meːd sej]

Tischmanieren

Während man in Deutschland einander *Guten Appetit!* wünscht und sich dann der Mahlzeit widmet, beginnt man in Schweden mit dem Essen erst, wenn der Gastgeber oder die Gastgeberin Varsågoda! [ˈwarsoguːda] *(Bitte schön!)* sagt.
Vielleicht wünscht danach noch jemand spontan Smaklig måltid! [ˈsmaːklig ˈmoːltiːd] *(schmackhafte Mahlzeit)*.
Nach dem Essen bedankt man sich bei den Gastgebern mit Tack för maten! [tak föːr maːten] *(Danke für das Essen)*, worauf die Antwort wiederum Varågod(a)! [ˈwarsoguːd(a)] *(bitte schön)* lautet.

Menyn
Die Speisekarte

Förrätter

Vorspeisen

fyllda ägghalvor ['fülda 'äghalwur]

halbierte, gekochte Eier, die mit Lachs, Krabben oder Fischrogen und Crème fraîche oder Mayonnaise, Dill und roten Zwiebeln gefüllt sind

löjromstoast ['löjromstoụst]

Fischrogen auf Toast, mit Crème fraîche, Dill und Zitrone

renklämma ['reːnkläma]

in Fladenbrot eingerolltes Rentierfleisch mit Sauerrahm, Salat und Meerettich

Renklämma

rökt forell [rö:kt fo'rel]	geräucherte Forelle
sill [sil]	in verschiedenen Soßen oder Marinaden eingelegte Heringshappen
skagenröra ['ska:gen'rö:ra]	Krabbensalat

Sallader — Salate

blandad sallad ['blandad 'salad]	gemischter Salat
kycklingsallad ['schükling'salad]	Geflügelsalat
potatissallad [pu'ta:tis'salad]	Kartoffelsalat
räksallad ['rä:ksalad]	Schrimpssalat
rödbetssallad ['rö:be:ts'salad]	Rotebeetesalat
säsongens sallad ['säsongens 'salad]	Salate der Saison
skinksallad ['schinksalad]	Schinkensalat
tomatsallad [tu'ma:t'salad]	Tomatensalat
vårsalad ['wo:rsalad]	Feldsalat
vinaigrette dressing ['winegret]	Vinaigrette mit Balsamicoessig und Olivenöl
Rhode Island dressing [ro:d 'ailand 'dresing]	Salatkrem mit Mayonnaise, Sauerrahm, Tomatenpürré und Zitrone
yoghurt dressing ['jogurt 'dresing]	Joghurtdressing

Soppor — Suppen

ärtsoppa ['ärtsopa]	gelbe Erbsensuppe
fisksoppa ['fisksopa]	Fischsuppe
grönsakssoppa ['grö:sa:ks'sopa]	Gemüsesuppe
hönssoppa ['höns|sopa]	Hühnersuppe
linssoppa ['lins|sopa]	Linsensuppe

löksoppa ['lö:ksopa]	Zwiebelsuppe
potatis och purjolökssoppa [pu'ta:tis ok pŭrjolö:ks'sopa]	Kartoffel-Lauchsuppe
sparrissoppa ['sparis'sopa]	Spargelcremesuppe
spenatsoppa med ägghalvor [spe'na:t'sopa me:d 'äghalwur]	Spinatsuppe mit gekochten Eierhälften
tomatsoppa [tu'ma:t'sopa]	Tomatensuppe

Kött — Fleisch

fårkött n. ['fo:rschöt]	Hammelfleisch
fläskkött n. ['fläskschöt]	Schweinefleisch
lammkött n. ['lamschöt]	Lammfleisch
nötkött n. ['nö:tschöt]	Rindfleisch
filé [fi'le:]	Filet
kotlett [kot'let]	Kotelett
(kött) ben n. [(schöt) be:n]	Keule
schnitzel ['snitsel]	Schnitzel
stek [ste:k]	Braten
köttfärs ['schötfärs]	Hackfleisch
biff [bif]	Steak
riktigt genomstekt ['riktit 'je:nomste:kt]	gut durchgebraten
medium ['me:diŭm]	medium, innen rosa
blodig [blu:dig]	englisch, blutig
älg [älj]	Elch
hjort [jut]	Hirsch
rådjur n. ['ro:jü:r]	Reh
ren [re:n]	Rentier
vildsvin n. ['wildswi:n]	Wildschwein

Fågel

anka ['anka]

fasan [fa'saːn]

gås [goːs]

höna ['höːna]

kalkon [kal'kuːn]

kyckling ['schükling]

kycklinglår n. ['schüklingloːr]

bröst n. [bröst]

Fisk och skaldjur

Geflügel

Ente

Fasan

Gans

Huhn

Truthahn, Pute

Hähnchen

Hähnchenkeule

Brust

Fisch und Meeresfrüchte

braxen ['braksen]

forell [fo'rel]

Brasse

Forelle

Da Schweden weitgehend vom Meer umgeben ist, gehört Fisch fisk [fisk] in den verschiedensten Varianten auf den Speiseplan: in Marinade oder verschiedene Saucen eingelegt, mit Remoulade, gebacken, geräuchert oder gesalzen, mit Kartoffeln und Petersiliensauce, auf reichlich garniertem Brot usw.

gädda ['jäda]	Hecht
gråsej ['gro:sej]	Kohlfisch, Köhler
lax [laks]	Lachs
makrill ['makril]	Makrele
sik [si:k]	Maräne, Fellchen
marulk ['ma:rulk]	Seeteufel
rödspätta ['rö:dspäta]	Scholle
rödtunga ['rö:dtunga]	Rotzunge
sardin [sar'di:n]	Sardine
sjötunga ['schö:tunga]	Seezunge
svärdfisk ['swä:rdfisk]	Schwertfisch
tonfisk ['tu:nfisk]	Thunfisch
torsk [torsk]	Kabeljau
bläckfisk ['bläkfisk]	Tintenfisch
hummer ['hümer]	Hummer
krabba ['kraba]	Krabbe
kräfta ['kräfta]	Krebs
räkor ['rä:kor]	Shrimps
blåmusslor ['blo:müslur]	Miesmuscheln
ostron n. ['ustron]	Austern

Grönsaker och svamp

Gemüse und Pilze

ärtor ['ärtur]	Erbsen
aubergine [o:ber'dji:n]	Aubergine
bladspenat ['bla:dspena:t]	Blattspinat
blomkål ['blumko:l]	Blumenkohl
broccoli ['brokoli]	Brokkoli
bruna bönor ['brü:na 'bö:nur]	braune Bohnen
gröna bönor ['grö:na 'bö:nur]	grüne Bohnen
vita bönor ['wi:ta 'bö:nur]	weiße Bohnen
brysselkål ['brüselko:l]	Rosenkohl
morrötter ['mu:röter]	Möhren, Karotten
vitkål ['wi:tko:l]	Weißkohl
kikärter ['schi:kärter]	Kichererbsen
lök [lö:k]	Zwiebel
grön/gul/röd paprika [grö:n/gü:l/rö:d 'pa:prika]	grüne/gelbe/rote Paprika
pumpa ['pŭmpa]	Kürbis
purjolök ['pŭrjolö:ǩ]	Lauch
rödkål ['rö:dko:l]	Rotkohl
rova ['ru:wa]	Rübe
selleri ['seleri:]	Staudensellerie
selleriknöl ['seleriknö:l]	Sellerieknolle
sockerärter ['soker'ärter]	Zuckerschoten
sparris ['sparis]	Spargel
zucchini [su'ki:ni]	Zucchini
champinjoner ['schampinjuner]	Champignons
kantareller [kanta'reler]	Pfifferlinge
ostronskivling ['ustronschi:wling]	Austernpilze

Tillagning

Wo immer korrekt und möglich, werden die Adjektive in der folgenden Liste mit der Endung **-d** für **en**-Wörter (Nomen im Utrum) aufgelistet. Möchten Sie die Adjektive mit **ett**-Wörtern (Neutrum) verwenden, verwenden Sie statt **-d** bitte **-t**.

ångkokt ['ongkukt]	gedämpft
bakad ['baːkad]	gebacken
blancherad [blan'scherad]	blanchiert
friterad [fri'teːrad]	fritiert
grillad ['grilad]	gegrillt
gryta ['grüːta]	Eintopf
grytstekt ['grüːtsteːkt]	geschmort
inlagd ['inlakd]	gepickelt, eingelegt
kokt [kukt]	gekocht
köttgryta [köt'grüːta]	Fleischeintopf
marinerad [mari'neːrad]	mariniert
panerad [pa'neːrad]	paniert
rökt ['röːkt]	geräuchert
i sås [iː soːs]	in Soße
saltat ['saltat]	gesalzen
spätt n. [spät]	Spießchen
stekt [steːkt]	gebraten
sufflé [sü'fleː]	Soufflé
ugnsbakad ['üngsbaːkad]	geröstet, im Ofen gebraten

Tillbehör

bakad potatis ['baːkad puˈtaːtis]	Ofenkartoffel
kokta potatisar ['kukta puˈtaːtisar]	Salzkartoffeln
potatismos n. [puˈtaːtismuːs]	Kartoffelbrei
pasta ['pasta]	Nudeln
pommes frites [pom frit]	Pommes frites
ris n. [riːs]	Reis
brunt ris n. [brüːnt riːs]	Naturreis

Örter och kryddor

Kräuter und Gewürze

basilika [baˈsilika]	Basilikum
fänkål ['fäːŋkoːl]	Fenchel
gräslök ['gräːslöːk]	Schnittlauch
ingefära ['ingefäːra]	Ingwer
kanel [kaˈneːl]	Zimt
kardemumma [kardeˈmüma]	Kardamom
krasse ['krase]	Kresse
kummin n. ['kumin]	Kümmel
mejram ['mejram]	Majoran
mynta ['münta]	Minze
muskot [musˈkot]	Muskat
nejlika ['nejlika]	Nelke
svart/grön/vit peppar [swart/gröːn/wiːt 'pepar]	schwarzer/grüner/weißer Pfeffer
pepparrot [pepaˈruːt]	Meerrettich
persilja ['persilja]	Petersilie
saffran n. ['safran]	Safran
salt n. [salt]	Salz

salvia ['salwia]	Salbei
senap ['se:nap]	Senf
timjan ['timjan]	Thymian
vitlök ['wi:tlö:k]	Knoblauch

Efterrätter · Nachspeisen

färska jordgubbar med vispgrädde ['färska 'ju:dgübar me:d 'wispgräde]	frische Erdbeeren mit Schlagsahne
fruktsallad med grädde ['früktsalad me:d 'gräde]	Obstsalat mit Schlagsahne
pudding ['püding]	süße Mehlspeise
chokoladglass ['schukla:dglas]	Schokoladeneis
jordgubsglass ['ju:dgübsglas]	Erdbeereis
vaniljglass [wa'niljglas]	Vanilleeis
med vispgrädde [me:d 'wispgräde]	mit Schlagsahne
citronsorbet [si'tru:nsor'be:]	Zitronensorbet

Ost sorter · Käseauswahl

In Schweden zieht man in der Regel Kuhmilchkäse vor. Alle hier aufgelisteten Käsesorten sind aus Kuhmilch hergestellt.

Herrgårdsost ['härgo:rdsust]	hellgelber, milder, fester Schnittkäse mit leicht nussigem Geschmack
Grevéost [gre'we:ust]	blassgelber, milder, fester Schnittkäse mit Löchern
Västerbottensost ['wästerbotensust]	hellgelber Hartkäse mit intensivem, würzigem Geschmack

Prästost ['prästust]	„Priesterkäse" – fester, würziger Schnittkäse
Hushållsost ['hü:sholsust]	hellgelber, sahnig-milder, weicher Schnittkäse

Te och kaffe

Tee und Kaffee

en kopp … [en kop]	eine Tasse …
en kanna … [en 'kana]	eine Kanne …
grönt te n. [grö:nt te:]	grüner Tee
örtte n. ['örtte:]	Kräutertee
kamomillte n. ['kamumilte:]	Kamilletee
pepparmintste n. ['peparmintste:]	Pfefferminztee
svart te n. [swart te:]	schwarzer Tee
(koffeinfritt) filterkaffe [(kofe'i:nfrit) 'filterkafe]	(koffeinfreier) Filterkaffee
capuccino [capu'tschinu]	Cappuccino
café latte ['kafe 'late]	Latte macchiato

Svenska specialiteter

Schwedische Spezialitäten

stekt sill [ste:kt sil]

panierte Heringsfilets

Eine Heringsspezialität, die typisch schwedisch ist, sich aber nicht unbedingt für den unbedarften Urlauber eignet, ist der surströmming ['sü:rströming]. Es handelt sich hierbei um in Konservendosen eingelegte und vergorene Heringsstücke. Beim Öffnen der Dose schlägt Ihnen ein strenger Geruch entgegen, der so gar nicht zum Schlemmen einlädt. Vorsichtshalber sollte man die Dose nur im Freien öffnen ...

Köttbullar

köttbullar ['schötbŭlar]	Hackfleischklößchen, die oft mit Kartoffeln und Preiselbeerkonfitüre und Rahmsoße serviert werden
Janssons frestelse ['jaːnsons 'frestelse]	ein beliebter Kartoffelauflauf mit Zwiebeln, Sardellenfilets und Sahne, der gern zu Weihnachten oder beim Mittsommerfest gereicht wird
kroppkakor ['kropkaːkur]	mit Speck und Zwiebeln gefüllte Kartoffelklöße, die mit weißer Soße oder geschmolzener Butter serviert werden

Smörgåstårta

smörgåstårta ['smö:rgo:s'to:rta]

Butterbrottorte mit Schinken, Käse, Krabben oder Lachs und Mayonnaise-Quark-Füllung sowie einer Garnitur aus Salatblättern, Tomaten- und Gurkenscheiben

Beim smörgåsbord ['smö:rgo:sbu:d] kommt jeder Feinschmecker auf seine Kosten. Hierbei handelt es sich um ein Büffet mit den verschiedensten Spezialitäten. Ob Fisch, Fleisch, Käse oder Ei – hier ist für jeden etwas dabei. Nach den deftigen kalten oder warmen Leckereien, kann man sich am Dessertisch das Leben noch mit Früchten und Kuchen versüßen.

ärtssoppa och pannkakor ['ärtsopa ok pan'ka:kur]

Erbsensuppe und Pfannkuchen

Ärtssoppa och pannkakor wird traditionell donnerstags verspeist. Zuerst gibt es die Suppe, die meist aus gelben Erbsen gemacht und mit Schweinefleisch angereichert wird. Danach gibt es die kalorienträchtigen Pfannkuchen mit Sahne und Konfitüre.

ostkaka med grädde och sylt ['ustka:ka me:d 'gräde och sült]

Käsekuchen mit Mandeln, Konfitüre und Schlagsahne

kladdkaka ['kladka:ka]

saftiger Schokoladenkuchen, den man mit Schlagsahne isst

lussekatt ['lüsekat]

„Luciakatze", ein safrangelbes Hefegebäckteil mit Rosinen, das für das Luciafest am 13. Dezember gebacken wird

pepparkakor ['peparka:kur]

Weihnachtsgebäck: Plätzchen mit viel Zimt, Nelken und Ingwer, die im Supermarkt das ganze Jahr über erhältlich sind

Sonderwünsche
Special önskningar

N22	Ich esse kein Fleisch.	Jag äter inte kött. [jaː(g) 'äːter 'inte schöt]
N23	Ich esse kein Schweinefleisch.	Jag äter inte griskött. [jaː(g) 'äːter 'inte 'griːsschöt]
N24	Haben Sie auch etwas Vegetarisches?	Har ni också något vegetariskt? [haːr niː 'okso: 'noːgot wege'taːriskt]
N25	Ich trinke keinen Alkohol.	Jag dricker ingen alkohol. [jaː(g) 'driker 'ingen 'alkuhoːl]
	Ich habe eine Allergie gegen ☐.	Jag är allergisk mot ☐. [jaː(g) äːr a'lergisk muːt]
N26	☑ Ei	☑ ägg [äg]
N27	☑ Glutamat	☑ glutamat [glüːta'mat]
N28	☑ Kuhmilch	☑ komjölk [ku'mjölk]
N29	☑ Nüsse	☑ nötter ['nöter]
N30	☑ Tomaten	☑ tomater [tu'maːter]
N31	☑ Weizen	☑ vete ['weːte]
N32	Sind da Nüsse drin?	Är det nötter i den/det? [äːr deːt 'nöter iː den/deːt]
N33	Ist das koscher?	Är den/det koscher? [äːr den/deːt 'koːscher]
N34	Ist das halal?	Är den/det halal? [äːr den/deːt ha'lal]
N35	für Diabetiker geeignet	lämplig för diabetiker [lämplig föːr dia'beːtiker]
N36	Verwenden Sie Biozutaten?	Använder ni ekologiska råvaror? ['anwänder niː eko'loːgiska 'roːwaːrur]

Beanstanden und loben
Anmärka och berömma

N37	Wir warten schon länger.	Vi har redan väntat länge. [wiː haːr 'reːdan 'wäntat 'länge]

N38 Das habe ich nicht bestellt.	Det har jag inte beställt. [deːt har jaː(g) 'inte be'stält]
N39 Das schmeckt mir nicht.	Det gillar jag inte. [deːt 'jilar jaː(g) 'inte]
N40 Das möchte ich zurückgehen lassen.	Det vill jag ge tillbaka. [deːt wil jaː(g) jeː tilbaːka]
N41 Kann ich bitte etwas anderes haben?	Kan jag be att få något annat? [kan jaː(g) beː at foː 'noːgot 'anat]
Das Essen ist ☐.	Maten är ☐. ['maːten äːr]
N42 ☑ versalzen	☑ för salt [föːr salt]
N43 ☑ angebrannt	☑ bränd [bränd]
N44 ☑ kalt	☑ kall [kal]
N45 ☑ nicht richtig gar	☑ inte riktigt färdigkokt ['inte 'riktit 'fäːrdikukt]
N46 Der Fisch ist nicht frisch.	Fisken är inte färsk. ['fisken äːr 'inte färsk]
N47 Das Hähnchen ist zu trocken.	Kycklingen är för torr. ['schüklingen är föːr tor]
N48 Das Fleisch ist zu zäh.	Köttet är för segt. ['schötet äːr föːr seːgt]
N49 Es hat gut geschmeckt.	Det smakade gott. [deːt 'smaːkade got]
N50 Es hat hervorragend geschmeckt.	Det smakade utmärkt. [deːt 'smaːkade 'üːtmärkt]
N51 Das ist sehr lecker!	Det smakar mycket gott! [deːt 'smaːkar 'müke got]

Bezahlen
Betala

N52 Ich möchte bitte zahlen!	Kan jag få betala, tack! [kan jaː(g) foː be'taːla tak]

Der Service ist schon im Preis enthalten und so besteht keine Verpflichtung, noch etwas zu zahlen. Man kann aber für einen besonders guten Service trotzdem Trinkgeld geben, wenn man möchte.

N53	Da ist ein Fehler auf der Rechnung.	Det har blivit ett fel i räkningen. [deːt haːr 'bliːwit et feːl iː 'räːkningen]
N54	Kann ich mit Kreditkarte zahlen?	Kan jag betala med kreditkort? [kan jaː(g) beˈtaːla meːd kreˈdiːtkut]
N55	Ich zahle mit Karte.	Jag betalar med kort. [jaː(g) beˈtaːlar meːd kut]
N56	Ich zahle in bar.	Jag betalar kontant. [jaː(g) beˈtaːlar konˈtant]
N57	Kann ich bitte einen Beleg haben?	Kan jag be att få ett kvitto, tack? [kan jaː(g) beː at foː et ˈkwitu tak]
N58	Das stimmt so.	Det är jämnt så. [deːt äːr jämnt soː]
N59	Ich bekomme noch Wechselgeld.	Jag skulle vilja ha mellanskillnaden. [jaː(g) ˈskǖle ˈwilja haː ˈmelanˈschilnaden]

95

Dags att handla

Zeit für den Einkauf

Ganz allgemein
I allmänhet

001	Wann macht das Geschäft auf?	När öppnar affären? [näːr 'öpnar a'fäːren]
002	Wann öffnen die Geschäfte?	När öppnar affärerna? [näːr 'öpnar a'fäːrerna]
003	Wann schließen die Geschäfte?	När stänger affärerna? [näːr 'stänger a'fäːrerna]
	Gibt es ☑ in der Nähe?	Finns det ☑ i närheten? [fins deːt ... iː näːr'heːten]
004	☑ eine Bäckerei	☑ ett bageri [et baːge'riː]
005	☑ einen Baumarkt	☑ ett byggvaruhus [et 'bügwaruhüːs]
006	☑ ein Geschäft mit Camping-Zubehör	☑ en affär med campingutrustning [en a'fäːr meːd 'kampingüːtrüstning]
007	☑ ein Fischgeschäft	☑ en fiskaffär [en fiska'fäːr]
008	☑ einen Friseursalon	☑ en frisersalong [en fri'seːrsa'long]
009	☑ einen Flohmarkt	☑ en loppmarknad [en 'lopmaːrknad]
010	☑ ein Juweliergeschäft	☑ en juvelerare [en 'juweleːrare]
011	☑ ein Kaufhaus	☑ ett varuhus [et 'waruhüːs]
012	☑ einen Markt	☑ en marknad [en 'marknad]
013	☑ ein Obst- und Gemüsegeschäft	☑ en frukt- och grönsakshandel [en 'frükt ok 'gröːnsaːks'handel]
014	☑ ein Spielzeuggeschäft	☑ en leksaksaffär [en 'leːksaːksa'fäːr]
015	☑ ein Sportgeschäft	☑ en sportaffär [en sporta'fäːr]
016	☑ einen Supermarkt	☑ en stormarknad [en 'stuːrmarknad]
017	☑ einen Zeitungshändler	☑ en tidningskiosk [en 'tiːnings|schosk]

Wenn Sie in Schweden Fleisch- und Wurstwaren einkaufen, gehen Sie nicht in eine Metzgerei. Ein solches Fachgeschäft ist dort nicht üblich. Stattdessen gibt es in Supermärkten Fleischtheken und, in größeren Städten, Stände in Markthallen (saluhall [saːlüˈhal]), an denen man Fleischwaren verkauft.

Kan jag hjälpa dig med något? [kan jaː(g) ˈjälpa dej meːd ˈnoːgot]	Kann ich Ihnen behilflich sein?
Letar du efter något speciellt? [ˈleːtar düː ˈefter ˈnoːgot ˈspesielt]	Suchen Sie etwas Bestimmtes?

018	Ich suche ...	Jag letar efter ... [jaː(g) ˈleːtar ˈefter]
019	Ich hätte gern ...	Jag skulle gärna vilja ha ... [jaː(g) ˈsküle ˈjäːrna ˈwilja haː]
020	Wo finde ich ...?	Var kan jag hitta ...? [war kan jaː(g) ˈhita]
021	Verkaufen Sie ...?	Säljer du...? [ˈsäljer düː]
022	Ich nehme *diesen/diese/dieses* hier.	Jag tar *den/det* här. [jaː(g) tar den/deːt häːr]
023	*Diesen/Diese/Dieses* da.	*Den/Det* där. [den/deːt däːr]

Önskar du något annat? [ˈönskar düː ˈnoːgot ˈanat]	Haben Sie noch einen Wunsch?
Får det lov att vara något mera? [foːr deːt loːv at ˈwaːra ˈnoːgot ˈmeːra]	Darf es noch etwas sein?

024	Nein danke, das wäre alles.	Nej tack, det var allt. [nej tak deːt waːr alt]
025	Könnte ich eine Tüte bekommen?	Skulle jag kunna få en påse? [ˈsküle jaː(g) ˈkŭna foː en ˈpoːse]
026	Könnten Sie das als Geschenk einpacken?	Kan man få den/det inslagen/inslaget? [ˈkan man foː den/deːt ˈinslaːgen/ˈinslaget]

Lebensmittel
Livsmedel

Milchprodukte	mjölkprodukter ['mjölkpro'dŭkter]
Vollmilch	standardmjölk ['standardmjölk]
halbfette Milch	mellanmjölk ['melanmjölk]
Magermilch *(0,5 % Fettgehalt)*	lättmjölk ['lätmjölk]
(0,1 % Fettgehalt)	minimjölk ['minimjölk]
Joghurt	yoghurt ['jogŭrt]
Quark	kvarg [kwarg]
Käse	ost [ust]
Schlagsahne	vispgrädde ['wispgräde]
Kaffeesahne	kaffegrädde ['kafegräde]
Wurst- und Schinken- aufschnitt	uppskuren korv och skinka ['ŭpskü:ren korw ok 'schinka]
Belag	pålägg ['po:läg]
geräucherter Schin- ken	rökt skinka [rö:kt 'schinka]
gekochter Schinken	kokt skinka [kukt 'schinka]
Leberwurst	leverkorv ['le:werkorw]
Salami	salami [sa'la:mi]
Wiener	Wienerkorv ['wi:nerkorw]

falukorv ['falŭkorw]	geräucherte Fleischwurst auf Rind- oder Schweine-fleisch
isterband ['isterband]	rote Bratwurst mit leicht säuerlichem Geschmack

prinskorv ['prinskorw]   kleine, feine Brühwurst
                          aus Rind- oder Schweine-
                          fleisch

Brot   bröd n. [brö:d]
Vollkornbrot   fullkornsbröd n. ['fŭlkunsbrö:d]
Weißbrot   franskt bröd n. [fransk brö:d]
Knäckebrot   knäckebröd n. ['knäkebrö:d]

Das knusprige knäckebröd
['knäkebrö:d] ist ursprünglich ein Rog-
genbrot, doch jetzt gibt es viele ver-
schiedene Sorten. Nach wie vor ist
es sehr beliebt; ca. 85 % der Schwe-
den haben zu Hause immer Knäcke-
brot vorrätig.

Sauerbrot   surdegslimpa ['sü:rde:gs'limpa]
Roggenbrot   rågbröd n. ['ro:gbrö:d]

sirapslimpa ['si:raps'limpa]   süßliches Mischbrot aus
                                Weizen und Roggen

Kuchen   kaka ['ka:ka]
Sahnekuchen   tårta ['to:rta]
Rührteig   sockerkakssmet ['sokerka:ks|sme:t]
Blätterteig   smördeg ['smö:rde:g]
Kuchen aus Rührteig   sockerkaka ['soker'ka:ka]

Kleingebäck	småkaka ['smoːkaːka]
Berliner/Krapfen	munk [mŭnk]
Keks	kex n. [keks]

| wienerbröd n. ['wiːnerbröːd] | Plundergebäck aus Blätter-teig |

Obst	frukt [frŭkt]
Ananas	ananas ['ananas]
Apfel	äppel n. ['äpel]
Apfelsine	apelsin [apel'siːn]
Banane	banan [ba'naːn]
Birne	päron n. ['päːron]

Brombeeren	björnbär n. ['bjö:rnbä:r]
Erdbeeren	jordgubbar ['ju:dgŭbar]
Heidelbeeren	blåbär n. ['blo:bä:r]
Himbeeren	hallon n. ['halon]
Kirschen	körsbär n. ['schörsbä:r]
Kiwi	kiwi ['ki:wi]
Mango	mango ['mango]
Melone	melon [me'lu:n]
Nektarine	nektarin [nekta'ri:n]
Pampelmuse	grapefrukt ['gräipfrŭkt]
Pfirsich	persika ['persika]
Pflaume	plommon n. ['plumon]
Preiselbeeren	lingon n. ['lingon]
Trauben	druvor ['drü:wur]

Eine umfassende Auflistung von Gemüsen, Kräutern, Käse-, Fisch- und Fleischsorten sowie Getränken finden Sie im Kapitel *Gastronomisches und Kulinarisches*.

Fertiggerichte	färdigmat ['fä:rdigma:t]
Gefrierkost	frysmat ['frü:sma:t]

Wo im Supermarkt ...?
Var i affären ...?

027	Wo finde ich ...?	Var hittar jag ...? [vaːr ˈhitar jaː(g)]

i frysdisken [iː ˈfrüːsdisken]	in der Kühltruhe
i ostdisken [iː ˈustdisken]	an der Käsetheke
i köttdisken [iː ˈschötdisken]	an der Fleischtheke
i den *andra/sista* raden [iː den ˈandra/ˈsista ˈraːden]	im *zweiten/letzten* Gang
överst/underst i hyllan [ˈöːwerst/ˈünderst iː ˈhülan]	ganz *oben/unten* im Regal

028	Könnten Sie mir bitte zeigen, wo?	Kan du vara snäll att visa mig var? [kan düː ˈvaːra snäl at ˈwiːsa mej vaːr]

Wie viel darf es sein?
Hur mycket få det lov att vara?

	Ich hätte gern ☑.	Jag skulle gärna vilja ha ☑. [jaː(g) ˈsküle ˈjärna ˈwilja haː]
029	☑ ein Kilo ...	☑ ett kilo ... [et ˈschiːlu]
030	☑ ein Pfund ...	☑ ett halvt kilo ... [et halft ˈschiːlu]
031	☑ hundert Gramm ...	☑ hundra gram ... [ˈhündra gram]
032	☑ fünf Scheiben ...	☑ fem skivor ... [fem ˈskiːwur]
033	☑ ein *kleines/großes* Stück ...	☑ en *liten/stor* bit ... [en ˈliːten/stuːr biːt]
034	Noch etwas mehr, bitte.	Lite mer, tack. [ˈliːte meːr tak]
035	Das reicht.	Det räcker. [deːt ˈräker]

Körperpflege und Gesundheit

Hygien och hälsa

In einer schwedischen Apotheke (apotek) bekommt man mehr oder weniger das Gleiche wie in einer deutschen, österreichischen oder Schweizer Apotheke. Produkte aus der Alternativmedizin oder anthroposophische Kosmetika erhalten Sie eher im Reformgeschäft: hälsokostaffär [ˈhälsukostaˈfäːr].
Drogerien gibt es in Schweden nicht. Die üblichen Pflegeartikel und Kosmetikprodukte erhalten Sie im Supermarkt.

036	Wo ist eine Apotheke?	Var finns det ett apotek? [waːr fins deːt et apoˈteːk]
	Ich suche ▢.	Jag letar efter ▢. [jaː(g) ˈleːtar ˈefter]

037	☑ Zahnpflegepro-dukte	☑ tandhygienprodukter ['tandhügie:npro'dŭkter]
038	☑ Haarpflegepro-dukte	☑ hårvårdsprodukter ['ho:rwo:rdspro'dŭkter]
039	☑ Hautpflegepro-dukte	☑ hudvårdsprodukter ['hü:dwo:rdspro'dŭkter]
	Ich bräuchte ☐.	Jag behöver ☐. [ja:(g) be'hö:wer]
040	☑ eine *weiche/mittel-harte/harte* Zahn-bürste	☑ en *mjuk/medium/hård* tandborste [en 'mjü:k/'me:diŭm/ho:rd 'tandborste]
041	☑ Zahnpasta	☑ tandkräm ['tandkrä:m]
042	☑ Mundwasser	☑ munvatten ['mŭnwaten]
043	☑ Zahnseide	☑ tandtråd ['tandtro:d]
044	☑ ein Shampoo für *fettiges/trockenes* Haar	☑ ett shampoo för *fett/torrt* hår [e:t 'schampu fö:r fet/tort ho:r]
045	☑ eine Pflegespülung	☑ balsam ['balsam]
046	☑ einen Kamm	☑ en kam [en kam]
047	☑ eine Haarbürste	☑ en hårborste [en 'ho:rborste]
048	☑ Haargummis	☑ hårgummin ['ho:rgŭmin]
049	☑ Haarspray	☑ hårspray ['ho:rspräj]
050	☑ Haargel	☑ hårgelé ['ho:rsche'le:]
051	☑ eine Körperlotion	☑ en kroppslotion [en kropslu'schu:n]
052	☑ eine Gesichtscreme	☑ en ansiktskräm [en 'ansiktskrä:m]
053	☑ einen Lippenpflege-stift	☑ ett cerat [et se'ra:t]
054	☑ Rasierschaum	☑ rakskum ['ra:kskŭm]
055	☑ Rasierwasser	☑ rakvatten ['ra:kwaten]
056	☑ Einwegrasierer	☑ engångsrakhyvlar ['e:ngongs'ra:khü:wlar]

057	☑ eine Sonnenschutz-creme	☑ en solkräm [en 'su:lkrä:m]
058	☑ Seife	☑ tvål [two:l]
059	☑ Duschgel	☑ duschtvål ['dŭschtwo:l]
060	☑ ein Deodorant	☑ ett deodorant [et de:odo'rant]
061	☑ einen Nagelknipser	☑ en nagelsax [en 'na:gelsaks]
062	☑ eine Schere	☑ en sax [en saks]
063	☑ Kosmetik *(zum Schminken)*	☑ smink [smink]
064	☑ einen Lippenstift	☑ ett läppstift [et 'läpstift]
065	☑ Wimperntusche	☑ mascara [mas'ka:ra]
066	☑ Make-up	☑ kosmetika [kos'me:tika]
	Verkaufen Sie ☐?	Säljer du ☐? ['säljer dü:]
067	☑ Schmerzmittel	☑ smärtstillande medel ['smärtstilande 'me:del]
068	☑ Aspirin®	☑ aspirin® [aspi'ri:n]
069	☑ Ibuprofen®	☑ ibuprofen® [ibupro'fe:n]
070	☑ Paracetamol®	☑ paracetamol® [paraseta'mo:l]
071	☑ Pflaster	☑ plåster ['ploster]
072	☑ Kondome	☑ kondomer [kon'do:mer]
073	☑ Damenbinden	☑ dambindor ['da:mbindur]
074	☑ Tampons	☑ tamponger [tam'ponger]

Beim Optiker
Hos optikern

075	Können Sie das repa-rieren?	Kan du reparera det/den? [kan dü: repa're:ra de:t/den]
	Ich brauche ☐.	Jag behöver ☐. [ja:(g) be'hö:wer]

076	☑ eine Brille *(zum Lesen)*	☑ ett par glasögon [et pa:r 'gla:sö:gon]
077	☑ eine Sonnenbrille	☑ ett par solglasögon [et pa:r 'su:lgla:s'ö:gon]
078	☑ *weiche/harte* Kontaktlinsen	☑ *mjulka/hårda* kontaktlinser ['mju:ka/ 'ho:rda kon'taktl'inser]
079	☑ Einweglinsen	☑ engångslinser ['e:ngongs'linser]
080	☑ Kontaktlinsenlösung	☑ linsvätska ['linswätska]
081	☑ Augentropfen	☑ ögondroppar ['ö:gon'dropar]
082	Ich bin kurzsichtig.	Jag är närsynt. [ja:(g) ä:r 'nä:rsü:nt]
083	Ich bin weitsichtig.	Jag är långsynt. [ja:(g) ä:r 'longsü:nt]
084	Ich möchte einen Sehtest machen.	Jag skulle vilja göra ett syntest. [ja:(g) 'skŭle 'wilja 'jö:ra et 'sü:ntest]

Kleidung und Mode
Kläder och mode

P01	Darf ich das anprobieren?	Får jag prova den/det? [foːr jaː(g) 'pruːwa den/deːt]
P02	Wo sind die Umkleidekabinen?	Var är provrummen? [waːr äːr 'pruːwrümen]

Passar *den/det*? ['pasar den/deːt]	Passt *er/sie/es*?

Im Schwedischen ist das Wort für *Hose* (byxor ['büksur]) ein Plural. Hier fragt der Verkäufer also Passar de? ['pasar dom] – *Passen sie?* Das gilt übrigens auch für *Brille* glasögon ['glaːsöːgon].

Er/Sie/Es ist zu ⬚.	*Den/Det* är för ⬚. [den/deːt äːr föːr]

Wählen Sie unter den folgenden Adjektivpaaren für den-Wörter immer die erste Alternative und für det-Wörter die zweite. Weiteres können Sie in der Kurzgrammatik ab S. 157 nachsehen.

P03	☑ klein	☑ liten/litet ['liːten/'liːtet]
P04	☑ groß	☑ stor/stort [stuːr/stuːrt]
P05	☑ eng	☑ trång/trångt [trong/trongt]
P06	☑ weit	☑ vid/vitt [wiːd/witt]
P07	☑ kurz	☑ kort [kot]
P08	☑ lang	☑ lång/långt [long/longt]
P09	*Er/Sie/Es* passt sehr gut.	*Den/Det* passar mycket bra. [den/deːt 'pasar 'müke braː]
P10	Ich nehme *ihn/sie/es*.	Jag tar *den/det*. [jaː(g) taːr den/deːt]
P11	Leider nicht.	Tyvärr inte. ['tüwär 'inte]

P12	Ich möchte *einen anderen/eine andere/ein anderes* anprobieren.	Jag skulle gärna vilja prova *en annan/ett annat*. [ja:(g) 'skŭle 'jä:rna 'wilja 'pru:wa en 'anan/et 'anat]
P13	Der Schnitt gefällt mir nicht so gut.	Jag gillar inte modellen. ['ja:(g) 'jilar 'inte mo'delen]
P14	Ich suche etwas *Elegantes/Schickes/Modernes*.	Jag letar efter något *elegant/chict/modernt*. [ja:(g) 'le:tar 'efter 'no:got ele'gant/schikt/mo'dernt]
P15	Haben Sie das in einer anderen Farbe?	Har du den/det i en annan färg? [ha:r dü: den/de:t i: en 'anan färj]
P16	Haben Sie das mit einem anderen Muster?	Har du den/det i ett annat mönster? [ha:r dü: den/de:t i: et 'anat 'mönster]
P17	Ich überlege es mir noch.	Jag funderar över det ett tag. [ja:(g) fŭn'de:rar 'ö:wer de:t et ta:g]

Vilken storlek behöver du? ['wilken 'stu:le:k be'hö:wer dü:]	Welche Größe haben Sie?

P18	Ich habe Größe …	Jag har storlek … [ja:(g) ha:r 'stu:le:k]
P19	Haben Sie das in Größe …?	Har du den/det i storlek …? [ha:r dü: den/de:t i: 'stu:le:k]
	Ich brauche ☑.	Jag behöver ☑. [ja:(g) be'hö:wer]
P20	☑ einen Mantel *(für Damen)*	☑ en kappa [en 'kapa]
	(für Herren)	☑ en rock [en rok]
P21	☑ eine Jacke	☑ en jacka [en 'jaka]
P22	☑ eine Regenjacke	☑ en regnjacka [en 'rengnjaka]
P23	☑ eine Strickjacke	☑ en kofta [en 'kofta]
P24	☑ ein Kleid	☑ en klänning [en 'kläning]
P25	☑ eine Hose	☑ ett par byxor [et pa:r 'büksur]

P26	☑ eine Jeans	☑ ett par jeans [et par jiːns]
P27	☑ einen Pullover	☑ en tröja [en ˈtröja]
P28	☑ ein Hemd	☑ en skjorta [en ˈschuta]
P29	☑ eine Bluse	☑ en blus [en ˈblüːs]
P30	☑ ein Sweatshirt	☑ en sweatshirt [en ˈswetschört]
P31	☑ einen Rock	☑ en kjol [en schul]
P32	☑ ein T-Shirt	☑ en T-shirt [en ˈtiːschört]
P33	☑ Unterwäsche	☑ underkläder [ˈünderˈkläːder]
P34	☑ einen BH	☑ en BH [en ˈbeː hoː]
P35	☑ eine Unterhose (für Frauen)	☑ ett par trosor [et paːr ˈtruːsur]
P36	☑ eine Unterhose (für Männer)	☑ ett par kalsonger [et paːr kalˈsonger]
P37	☑ einen Badeanzug	☑ en baddräkt [en ˈbaːdräkt]
P38	☑ einen Bikini	☑ en bikini [en biˈkiːni]
P39	☑ eine Badehose	☑ ett par badbyxor [et par ˈbaːdbüksur]
P40	☑ einen Bademantel	☑ en badkappa [en ˈbaːdkapa]
P41	☑ einen Hut	☑ en hatt [en hat]
P42	☑ einen Sonnenhut	☑ en solhatt [en ˈsuːlhat]
P43	☑ eine Mütze	☑ en mössa [en ˈmösa]
P44	☑ einen Schal	☑ en halsduk [en ˈhalsdüːk]
P45	☑ Handschuhe	☑ handskar [ˈhandskar]
	(aus Strick)	☑ fingervantar [ˈfingerˈwantar]
P46	☑ Socken	☑ sockor [ˈsokur]
P47	☑ Kniestrümpfe	☑ knästrumpor [ˈknäːstrümpur]
P48	☑ eine Strumpfhose	☑ ett par strumpbyxor [et par ˈstrümpbüksur]
P49	☑ Stiefel	☑ stövlar [ˈstöwlar]
P50	☑ Sportschuhe	☑ sportskor [ˈsportskuːr]

110

P51	☑ Wanderschuhe	☑ vandrarkängor ['wandrar'schängur]
P52	☑ Sandalen	☑ sandaler [san'da:ler]
P53	☑ Ballerinas	☑ ballerinas [bale'ri:nas]
P54	☑ Pumps *(hochhackig)*	☑ pumps [pŭmps]
P55	☑ Hausschuhe	☑ inneskor ['inesku:r]
P56	Aus welchem Material ist das?	Av vilket material är det? [aw 'wilket materi'a:l ä:r de:t]
	Ist das ⍰?	Är det ⍰? [ä:r de:t]
P57	☑ reine Baumwolle	☑ ren bomull [re:n 'bumŭl]
P58	☑ Wolle	☑ ylle ['üle]
P59	☑ Seide	☑ silke ['silke]
P60	☑ Kunstfaser	☑ syntetmaterial [sün'te:tmateri'a:l]
P61	☑ Leinen	☑ linne ['line]

Etwas in der Reinigung abgeben
Lämna in något för kemtvätt

P62	Ich möchte das reinigen lassen.	Jag vill gärna få den/det här kemtvättad/kemtvättat. [ja:(g) will 'jä:rna fo: den/de:t hä:r 'sche:mtwätad/'sche:mtwätat]
P63	Bekommen Sie diese Flecken heraus?	Kan du få bort de här fläckarna? [kan dü: fo: bort dom hä:r 'fläkarna]
P64	Reinigen Sie auch Leder?	Rengör du också läder? ['re:njö:r dü: 'okso 'lä:der]
P65	Das ist nicht richtig sauber geworden.	Den/Det blev inte riktigt ren/rent. [den/de:t ble:w 'inte 'riktit re:n/re:nt]
P66	Der Fleck ist nicht herausgegangen.	Fläcken gick inte bort. ['fläken jik 'inte bort]

Beim Friseur
Hos frisören

Ich hätte gern ⬚.	Jag skulle vilja ha ⬚. [jaː(g) ˈskʉle ˈwilja haː]
Q01 ☑ die Haare geschnitten	☑ håret klippt [ˈhoːret klipt]
Q02 ☑ eine neue Frisur	☑ en ny frisyr [en nüː friˈsüːr]
Q03 ☑ einen Kurzhaarschnitt	☑ en kort frisyr [en kort friˈsüːr]
Q04 ☑ eine Dauerwelle	☑ en permanent [en permaˈnent]
Q05 ☑ helle Strähnchen	☑ ljusa slingor [ˈjüːsa ˈslingur]
Q06 ☑ dunkle Strähnchen	☑ mörka slingor [ˈmörka ˈslingur]
Q07 ☑ die Spitzen geschnitten	☑ håret toppat [ˈhoːret ˈtopat]
Q08 ☑ eine Maniküre	☑ en manikyr [en maniˈküːr]
Q09 ☑ eine Pediküre	☑ en pedikyr [en pediˈküːr]
Q10 ☑ die Wimpern gefärbt	☑ ögonfransarna färgade [ˈöːgonˈfransarna ˈfärjade]
Q11 ☑ die Augenbrauen gefärbt	☑ ögonbrynen färgade [ˈöːgonˈbrüːnen ˈfärjade]
Q12 Bitte etwas kürzer.	Lite kortare, tack. [ˈliːte ˈkortare tak]
Q13 Bitte nicht ganz so kurz.	Inte för kort, tack. [ˈinte föːr kort tak]
Q14 die Ohren frei	öronen fria [ˈöːronen ˈfriːa]
Q15 Ich habe Spliss.	Jag har klyvna toppar. [jaː(g) haːr ˈklüːwna ˈtopar]
Q16 mit Waschen und Fönen	med hårtvätt och föning [meːd ˈhoːrtvät ok ˈföːning]
Q17 Tönen	en toning [en ˈtuːning]
Q18 Färben	en färgning [en ˈfärjning]

Im Fotogeschäft
I fotoaffären

Q19	Könnten Sie diese Bilder ausdrucken?	**Skulle du kunna trycka ut de här bilderna?** ['skůle dü: 'kůna 'trůka ü:t dom här 'bilderna]
Q20	Ich möchte diese Aufnahmen entwickeln lassen.	**Jag skulle vilja framkalla de här fotona.** [ja:(g) 'skůle 'wilja 'framkala dom här 'futona]
Q21	in matter Qualität	**i matt kvalitet** [i: mat kwali'te:t]
Q22	in Hochglanzqualität	**i blank kvalitet** [i: blank kwali'te:t]
	in Größe ... mal ...	**i storlek ... gånger ...** [i: 'stu:le:k ... 'gonger]
	Ich möchte ☐ kaufen.	**Jag skulle gärna vilja köpa ☐.** [ja:(g) skůle 'järna 'wilja 'schö:pa]
Q23	☑ einen Akku	☑ **ett batteri** [et bate'ri:]
Q24	☑ eine Batterie	☑ **ett batteri** [et bate'ri:]
Q25	☑ eine Speicherkarte	☑ **ett minneskort** [et 'mineskut]
Q26	☑ ein Ladegerät	☑ **en laddare** [en 'ladare]
Q27	☑ ein USB-Kabel	☑ **en USB-kabel** [en ü:|es|'be: 'ka:bel]
Q28	☑ eine Digitalkamera	☑ **en digitalkamera** [en digi'ta:l'ka:mera]
Q29	☑ eine Spiegelreflexkamera	☑ **en spegelreflexkamera** [en 'spe:gelrefleks'ka:mera]
Q30	☑ eine Einwegkamera	☑ **en engångskamera** [en 'e:ngongs'ka:mera]
Q31	☑ ein Objektiv	☑ **ett objektiv** [et objek'ti:w]
Q32	☑ einen Filter	☑ **ett filter** [et 'filter]
Q33	☑ ein Stativ	☑ **ett stativ** [et sta'ti:w]
Q34	☑ eine Kameratasche	☑ **en kameraväska** [en 'ka:mera'wäska]
Q35	☑ ein Fernglas	☑ **en kikare** [en 'schi:kare]

Musik
Musik

Ich suche ☑.	**Jag letar efter ☑.** [jaː(g) ˈleːtar ˈefter]
Q36 ☑ eine CD von ...	**☑ en CD med ...** [en ˈseːǀdeː meːd]
Q37 ☑ das neue Album von ...	**☑ det nya albumet av ...** [deːt ˈnüːa ˈalbümet aːw]
Q38 Gibt es dieses Lied auf CD?	**Finns den här låten på CD?** [ˈfins den häːr ˈloːten poː ˈseːǀdeː]
Q39 Kann ich mir das mal anhören?	**Kan jag få lyssna på den/det?** [kan jaː(g) foː ˈlüsna poː den/deːt]

Elektrische und elektronische Produkte
El- och elektronikprodukter

Ich möchte ☑ kaufen.	**Jag skulle gärna vilja köpa ☑.** [jaː(g) ˈsküle ˈjäːrna ˈwilja ˈschöːpa]
Q40 ☑ einen PC	**☑ en PC** [en ˈpeː seː]
Q41 ☑ einen Laptop	**☑ en laptop** [en ˈläptop]
Q42 ☑ ein Notebook	**☑ en notebook** [en ˈno̯utbük]
Q43 ☑ eine Maus	**☑ en mus** [en müːs]
Q44 ☑ ein Netbook	**☑ en netbook** [en ˈnetbük]
Q45 ☑ einen Tabletcomputer	**☑ en tablet dator** [en ˈtablet ˈdaːtur]
Q46 ☑ einen MP3-Spieler	**☑ en MP3 spelare** [en emǀpeːǀˈtreː ˈspeːlare]
Q47 ☑ einen Speicherstick	**☑ en memory stick** [en ˈmemori stik]
Ich brauche ☑.	**Jag behöver ☑.** [jaː(g) beˈhöːwer]
Q48 ☑ einen Adapter	**☑ en adapter** [en aˈdapter]
Q49 ☑ einen Kopfhörer *(Ohrstöpsel)*	**☑ örsnäckor** [ˈöːrsnäkur]
(mit Bügel für den Kopf)	**☑ hörlurar** [ˈhöːrlüːrar]

Q50	☑ einen Fön®	☑ en fön® [en fö:n]
Q51	☑ einen Rasierappa-rat	☑ en rakapparat [en 'ra:kapa'ra:t]
Q52	☑ ein Verlängerungs-kabel	☑ en förlängningssladd [en fö:r'längnings'slad]
Q53	☑ eine Tastatur	☑ ett tangentbord [et 'tanjent'bu:d]
Q54	☑ einen neuen Akku	☑ ett nytt laddbart batteri [et nüt lad'ba:rt bate'ri:]
Q55	Die passenden Batte-rien dafür, bitte.	De passande batterierna till, tack. [dom 'pasande bate'ri:erna til tak]

Etwas zum Lesen
Något att läsa

Q56	Ich suche einen Buch-laden.	Jag letar efter en bokhandel. [ja:(g) 'le:tar 'efter en 'bu:khandel]
	Verkaufen Sie ☐ in deutscher Sprache?	Säljer du ☐ på tyska? ['säljer dü: ... po: 'tüska]
Q57	☑ Zeitungen	☑ tidningar ['ti:ningar]
Q58	☑ Zeitschriften	☑ tidskrifter ['ti:dskrifter]
Q59	☑ Bücher	☑ böcker ['böker]

Etwas zum Schreiben
Något att skriva med

Q60	Wo kann man hier Schreibwaren kaufen?	Var kan man köpa pappersvaror och skriv-materiel? [wa:r kan man 'schö:pa 'papers'wa:rur ok 'skri:wmatri'e:l]
	Ich bräuchte ☐, bitte.	Jag behöver ☐, tack. [ja:(g) be'hö:wer ... tak]
Q61	☑ einen Bleistift	☑ en blyertspenna [en 'blü:ets'pena]
Q62	☑ einen Kugelschrei-ber	☑ en kulspetspenna [en 'kü:lspets'pena]

Q63	☑ einen Füller	☑ en reservoarpenna [en reser'woa:r'pena]
Q64	☑ Tinte	☑ bläck [bläk]
Q65	☑ Tintenpatronen	☑ bläckpatroner [bläkpa'tru:ner]
Q66	☑ eine Ersatzmine für Kugelschreiber	☑ en reservpatron för kulspetspenna [en re'serwpa'tru:n fö:r 'kü:lspets'penna]
Q67	☑ einen Radiergummi	☑ ett suddgummi [et 'südgŭmi]
Q68	☑ einen Anspitzer	☑ en pennvässare [en 'penwäsare]
Q69	☑ einen linierten Block	☑ ett linjerat block [et linj'e:rat blok]
Q70	☑ einen karierten Block	☑ ett rutigt block [et 'rü:tigt blok]

Souvenirs und Geschenke

Souvenirer och presenter

Ein besonders schwedisches Mitbringsel wäre sicherlich ein Rentierfell oder Lederschmuck aus Rentierleder.
Auch schmiedeeiserne Handwerksprodukte, die das Heim verschönern, wie Kerzenleuchter oder Wetterhähne, sind typisch schwedisch. Überhaupt gibt es in Schweden wunderbare Designerstücke für die Inneneinrichtung.
Gehen Sie unbedingt in einen Kunsthandwerksladen (hemslöjdsaffär ['hemslöjdsa'fä:r]). Dort finden Sie Handgemachtes aus der Region: Keramik-, Holz-, Glas- und Textilartikel und noch einiges mehr. Dazu zählen auch die handgeschnitzten Dalapferde (dalahästar ['da:la'hästar]), die es in verschiedenen Größen und Preisklassen gibt. Sie stammen ursprünglich aus der Provinz Dalarna in der Mitte von Schweden.

Ich suche ein Geschenk für ⬚.	Jag letar efter en present till ⬚. [ja:(g) 'le:tar 'efter en pre'sent til]

Dalahästar

Q71	☑ meine Frau	☑ min fru [min früː]
Q72	☑ meinen Mann	☑ min man [min man]
Q73	☑ meine Mutter	☑ min mamma [min ˈmama]
Q74	☑ meinen Vater	☑ min pappa [min ˈpapa]
Q75	☑ ein Kind	☑ ett barn [et baːrn]
Q76	☑ einen Jungen	☑ en pojke [en ˈpojke]
Q77	☑ ein Mädchen	☑ en flicka [en ˈflika]
Q78	Haben Sie etwas typisch Schwedisches?	Har du något typiskt svenskt? [haːr düː ˈnoːgot ˈtüːpiskt swenskt]
Q79	Ist das Handarbeit?	Är det handarbete? [äːr deːt ˈhandarbeːte]

Wenn Sie Småland bereisen, empfiehlt sich ein Besuch in einer der berühmten Glashütten. Sie können dort sehen, wie Glas geblasen wird und natürlich auch schöne Glasobjekte erstehen.

Q80	Haben Künstler aus der Region das gemacht?	Är det regionala konstnärer som har gjort den/det? [ä:r de:t 're:giu:'na:la 'konstnä:rer som ha:r jut den/de:t]
Q81	Ist das echtes Silber?	Är det äkta silver? [ä:r de:t 'äkta 'silwer]
Q82	Ist das echtes Gold?	Är det äkta guld? [ä:r de:t 'äkta güld]
Q83	Wo ist der Stempel?	Var är stämpeln? [wa:r ä:r 'stämpeln]
Q84	Gibt es ein Echtheits- zertifikat dafür?	Finns det ett äkthetsintyg? [fins de:t et 'äkthe:tsin'tü:g]

Die schwedischen troll ['trol] (Trolle) sind ein gefälliges Mitbring-sel und auf Weihnachtsmärkten kann man die geheimnisvollen tomtenissar ['tomtenisar] (Weihnachtkobolde) als kleine Puppen kaufen, mit denen man das Haus zu Weihnachten schmückt. Der Mythos um den kleinen Kobold ist ein Überbleibsel aus vorchristlichen Zeiten. Während die Bauern schliefen, küm-merte sich der Kobold um den Bauernhof und die Tiere. An Weihnachten zeigte man ihm seine Dankbarkeit, indem man ihm einen Teller Milchreis vor die Haustüre stellte.

Troll

Etwas bezahlen
Betala för något

R01	Ich zahle in bar.	**Jag betalar kontant.** [jaː(g) be'taːlar kon'tant]
R02	Ich zahle mit Kreditkarte.	**Jag betalar med kreditkort.** [jaː(g) be'taːlar meːd kre'diːtkut]
R03	Akzeptieren Sie diese Debitkarte?	**Accepterar du det här betalkortet?** [aksep'teːrar düː deːt häːr be'taːlkutet]

Die EC-Karte ist eine Debitkarte. In einigen großen schwedischen Kaufhäusern können Sie damit zahlen, aber in einigen anderen Geschäften nicht. Fragen Sie lieber nach, bevor Sie eine unangenehme Überraschung erleben. Mit Bargeld oder mit Kreditkarte kann man so gut wie überall zahlen. Da Schweden jedoch nicht an der europäischen Währungsreform teilhat, muss man bei Kartenzahlung zusätzlich mit Währungsumrechnungsprovisionen rechnen. Fragen Sie Ihre Bank, wie hoch die zu erwartenden Gebühren sind.
Oft verlangt man bei Kartenzahlung die Eingabe der Geheimnummer anstelle der Unterschrift. Noch ein Tipp: Schreiben Sie vor dem Reiseantritt die Nummer Ihrer Karte und die Telefonnummer Ihrer Bank auf, damit Sie bei Verlust sofort die Karte sperren lassen können.

Vill du vara snäll och skriva under här? [wil düː 'waːra snäl ok 'skriːwa 'ünder häːr]	Bitte hier unterschreiben.
Din *underskrift/PIN (kod)*, tak. [din 'ünderskrift/pin (kod) tak]	Ihre *Unterschrift/PIN*, bitte.

R04	Ich sollte noch Wechselgeld bekommen.	**Jag borde få växelpengar tillbaka.** [jaː(g) 'buːde foː 'wäksel'pengar til'baːka]
R05	Das Wechselgeld stimmt nicht.	**Det fattas lite småpengar.** [deːt 'fatas 'liːte smoː 'pengar]

119

R06	Es fehlt/fehlen ...	**Det fattas ...** [deːt ˈfatas]
R07	Kann ich bitte den Kassenbon haben?	**Kan jag få kvittot, tack?** [kan jaː(g) foː ˈkwitot tak]
R08	Mit der Rechnung stimmt etwas nicht.	**Det är något som inte stämmer med räkningen.** [deːt äːr ˈnoːgot som ˈinte ˈstämer meːd ˈräːkningen]

In Schweden beträgt die Mehrwertsteuer (**MOMS** [moms]) auf die meisten Artikel 25 %.
Der ermäßigte Mehrwertssteuersatz von 12 % gilt für Nahrungsmittel, alkoholfreie Getränke, Hotelunterkünfte und Restaurantdienstleistungen.
Für einige Bereiche der Personenbeförderung, Bücher, Zeitungen, Zeitschriften, kulturelle Veranstaltungen sowie Freizeit- und Sporteinrichtungen gilt der stark ermäßigte Satz von 6 %.

R09	Diesen Artikel habe ich nicht gekauft.	**Den här varan har jag inte köpt.** [den häːr ˈwaːran haːr jaː(g) ˈinte schöpt]

Um den Preis handeln
Förhandla om priset

Wo darf gehandelt werden?

In Geschäften ist das Handeln unüblich. Doch auf einem Flohmarkt, **loppmarknad** [ˈlopmaːrknad], darf ruhig geschachert werden.

R10	Wie viel kostet das?	**Hur mycket kostar det?** [hüːr ˈmüke ˈkostar deːt]

R11 Es tut mir leid, aber das ist zu teuer.	Jag är ledsen, men det är för dyrt. [ja:(g) ä:r 'lesen men de:t ä:r fö:r dü:rt]
R12 Könnte ich eine Ermäßigung bekommen?	Kan jag få rabatt? [kan ja:(g) fo: ra'bat]

Hur vore det med ...? [hü:r 'wure de:t me:d]	Wie wäre es mit ...?

R13 Für ... nehme ich es.	För ... tar jag den/det. [fö:r ... ta:r ja:(g) den/de:t]
R14 Das ist mein letztes Angebot.	Det är mitt sista bud. [de:t ä:r mit 'sista bü:d]
R15 Ich muss es mir noch einmal überlegen.	Det måste jag fundera på. [de:t 'moste ja:(g) fün'de:ra po:]
R16 Abgemacht!	Avgjort! ['a:wjurt]

Gekauftes umtauschen oder zurückgeben

Byta eller ge tillbaka varan

Dieser Artikel ☑.	Denna vara ☑. ['dena 'wa:ra]
R17 ☑ ist beschädigt	☑ är skadad [ä:r 'ska:dad]
R18 ☑ funktioniert nicht richtig	☑ fungerar inte riktigt [fün'ge:rar 'inte 'riktit]
R19 ☑ ist nicht, was ich wollte	☑ är inte vad jag ville ha [ä:r 'inte wa:d ja:(g) 'wile ha]
Ich möchte ☑.	Jag skulle vilja ☑. [ja:(g) 'sküle 'wilja]
R20 ☑ das umtauschen	☑ byta varan ['bü:ta 'wa:ran]
R21 ☑ das zurückgeben	☑ lämna tillbaka varan ['lämna til'ba:ka 'wa:ran]
R22 ☑ mein Geld erstattet bekommen	☑ ha mina pengar tillbaka [ha: 'mi:na 'pengar til'ba:ka]
R23 Ein Gutschein wäre auch in Ordnung.	Ett presentkort vore också okej. [et pre'sentkut 'wure 'okso o'käj]

Bank och post

Bank und Post

Die Währung

Valutan

Die Währung Schwedens ist nach wie vor die Krone (Abkürzung: SEK). Auf Schwedisch heißt sie krona [ˈkruːna], Mehrzahl: kronor [ˈkruːnur]. Da sie aber dem europäischen Wechselkursmechanismus unterliegt, schwankt ihr Kurs nur minimal: 1 Euro = ca. 8,9 Kronen. Einer Krone entsprechen 100 Öre. Auf Schwedisch heißt diese Untereinheit ebenfalls öre [ˈöːre]. Münzen gibt es im Wert von einer Krone sowie 5 und 10 Kronen. Banknoten existieren im Wert von 20, 50, 100, 500 und 1000 Kronen.
Den aktuellen Wechselkurs finden Sie jederzeit auf www.schwedentor.de.

R24	Ich möchte das gern in schwedische Kronen umtauschen.	Jag skulle vilja växla det här till svenska kronor. [ja:(g) 'skŭle 'wilja 'wäksla de:t hä:r til 'swenska 'kru:nur]
R25	Wie ist der Wechselkurs heute?	Hur ser växelkursen ut i dag? [hü:r se:r 'wäksel'kŭrsen ü:t i: da:g]
R26	Wie hoch ist die Umrechnungsgebühr?	Hur hög är växelavgiften? [hü:r hö:g ä:r 'wäkselaw'jiften]
	Ich hätte das Geld gern in ☐.	Jag skulle vilja ha pengarna i ☐. [ja:(g) 'skŭle 'wilja ha: 'pengarna i:]
R27	☑ 20- und 50-Kronen-Scheinen	☑ 20- och 50-kronors-sedlar ['schü:gu ok 'femtiu 'kru:nurs 'se:dlar]
R28	☑ Fünf- und Zehn-Kronen-Münzen	☑ fem- och tio-kronors mynt [fem ok 'tiu 'kru:nurs münt]

Geld abheben
Hämta ut pengar

EC-Karte oder Kreditkarte?

Mit EC-Karte und PIN kann man in Schweden an einigen Automaten Geld abheben. Möglicherweise müssen Sie jedoch mit Währungsumrechnungsprovisionen rechnen. Hinzu kommen die Abhebungsgebühren, die auch in Deutschland an institutsfremden Automaten anfallen würden. Ähnliches gilt für die Kreditkarte, doch mit ihr kann man an fast allen Automaten Geld bekommen. Am besten erkundigen Sie sich vor der Reise bei Ihrer Bank nach der Höhe der Gebühren.

R29	Gibt es einen Geldautomaten in der Nähe?	Finns det en bankautomat i närheten? [fins de:t en 'bankauto'ma:t i: när'he:ten]
R30	Wo ist die nächste Bank?	Var ligger närmaste bank? [wa:r 'liger 'nä:rmaste bank]

R31 Ich möchte diesen Reisescheck einlösen.	Jag skulle vilja lösa in den här resechecken. [ja:(g) 'sкŭle 'wilja 'lö:sa in den hä:r 're:sescheken]

In der Post
På posten

> Schwedische Poststellen sind in der Regel von Montag bis Freitag von 9 bis 18 Uhr und samstags von 9 bis 13 Uhr geöffnet. Einige Dienstleistungen werden auch in bestimmten Geschäften, Kiosken und Tankstellen angeboten. Ein Standardbrief oder eine Postkarte bis 20 g von Schweden nach Deutschland oder Österreich kostet bei der Entstehung dieses Sprachführers 12 Kronen.

Ich bräuchte ☑.	Jag behöver ☑. [ja:(g) be'hö:wer]
R32 ☑ einen Briefumschlag	☑ ett kuvert [et kŭ'wä:r]
R33 ☑ eine Briefmarke	☑ ett frimärke [et 'fri:märke]
R34 ☑ die passende Briefmarke	☑ ett passande frimärke [et 'pasande 'fri:märke]
Ich möchte ☑ aufgeben.	Jag vill gärna skicka ☑. [ja:(g) wil 'jä:rna 'schika]
R35 ☑ diese Postkarte	☑ det här vykortet [de:t hä:r 'wü:kutet]
R36 ☑ diesen Brief	☑ det här brevet [de:t hä:r 'bre:wet]
R37 ☑ dieses Päckchen	☑ det här paketet [de:t hä:r pa'ke:tet]
R38 nach Deutschland	till Tyskland [til 'tüskland]
R39 nach Österreich	till Österrike [til 'österi:ke]
R40 in die Schweiz	till Schweiz [til schweits]
R41 Welche Briefmarke brauche ich dafür?	Vilket frimärke behöver jag till det? ['wilket 'fri:märke be'hö:wer ja:(g) til de:t]

Fritidsaktiviteter
Freizeitaktivitäten

Ganz allgemein
I allmänhet

Wie viel kostet der Eintritt für ☑?	Hur mycket kostar inträdet för ☑? [hü:r 'müke 'kostar 'inträ:det fö:r]
S01 ☑ Kinder und Schüler	☑ barn och studerande [ba:rn ok stŭ'de:rande]
S02 ☑ Studenten	☑ studerande [stŭ'de:rande]
S03 ☑ Erwachsene	☑ vuxna ['vŭksna]
S04 ☑ Senioren	☑ pensionärer [pänscho'nä:rer]
S05 ☑ Gruppen	☑ grupper ['grŭper]
S06 Gibt es eine Ermäßigung?	Kan man få rabatt? [kan man fo: ra'bat]
S07 Zwei Erwachsene und ein Kind, bitte.	Två vuxna och ett barn, tack. [two: 'vŭksna ok et ba:rn tak]

Für Kinder lockt in Vimmerby in der Provinz Småland die Astrid Lindgrens Värld. In diesem Themen- und Theaterpark trifft man die beliebten Figuren aus Astrid Lindgrens wunderbaren Büchern, wie z.B. Pippi Langstrumpf, Michel von Lönneberger und Ronja, die Räubertochter. Hier werden ihre Geschichten nachgespielt.
In Vimmerby kann man auch den Hof besuchen, auf dem die Schöpferin von Pippi Langstrumpf geboren wurde. Noch heute lebt hier die Familie der 2002 verstorbenen Astrid Lindgren. Führungen gibt es auch auf Deutsch. Bei www.alv.se/de können Sie sich auf Deutsch erkundigen. Unter dem Menüpunkt *Besuchen Sie uns, So finden Sie uns* lässt sich eine Anfahrtsbeschreibung erstellen.

Wann *öffnet/schließt* ☑?	När *öppnar/stänger* ☑? [nä:r 'öpnar/'stänger]

S08 ☑ das Museum	☑ museet [mü'se:et]
S09 ☑ die Ausstellung	☑ utställningen ['ü:tstälningen]
S10 ☑ der Themenpark	☑ temaparken ['te:maparken]
S11 ☑ der Vergnügungs-park	☑ nöjesparken ['nöjesparken]
Gibt es ⍰?	Finns det ⍰? [fins de:t]
S12 ☑ einen Geschenkla-den	☑ en presentaffär [en 'presenta'fä:r]
S13 ☑ ein Café	☑ ett café [et ka'fe:]
S14 ☑ ein Restaurant	☑ en restaurang [en restü'rang]
S15 ☑ eine Garderobe	☑ en garderob [en gard'ro:b]

ej barntillåtet / barnförbjudet [ej 'ba:rnti'lo:tet / 'ba:rnför'bjü:det]	Kinder haben keinen Zutritt.
bara i sällskap av *en vuxen/en förälder* eller förmyndare ['ba:ra i: 'sälska:p a:w en 'wüksen/en för'älder 'eler en fö:r'mü:ndare]	nur in Begleitung *eines Erwachsenen/ eines Elternteils* oder Erziehungsberechtig-ten

S16 Was kostet die Teil-nahme?	Vad kostar det att deltaga? [wa:d 'kostar de:t at 'de:lta:]
S17 Was kostet der Kurs?	Vad kostar kursen? ['wa:d 'kostar 'kürsen]
S18 Was kostet eine Stunde?	Vad kostar en timme? [wa:d 'kostar en 'time]
S19 Ich möchte eine Stadt-rundfahrt machen.	Jag skulle vilja göra en stadstur. [ja:(g) 'sküle 'wilja 'jö:ra en stats'tü:r]

Sport

Sport

Wo können wir ⍰ spielen?	Var kan vi spela ⍰? [wa:r kan wi: 'spe:la]

S20	☑ (Beach-)Volleyball	☑ (beach) volleyboll [(biːtsch) ˈwoliboll]
S21	☑ Fußball	☑ fotboll [ˈfuːtbol]
S22	☑ Golf	☑ golf [golf]
S23	☑ Minigolf	☑ minigolf [ˈmiːnigolf]
S24	☑ Tennis	☑ tennis [ˈtenis]
S25	Darf ich mitspielen?	Får jag spela med? [foːr jaː(g) ˈspeːla meːd]
S26	Ich würde gern eine Wanderung machen.	Jag skulle vilja vandra. [jaː(g) ˈskǖle ˈwilja ˈwandra]

Zur Freude der Naturfreunde leben in Schwedens ausgedehnten Wäldern zahlreiche wilde Tiere. Auf Rothirsche und Wildschweine trifft man vornehmlich im Süden des Landes. In den endlosen nördlichen Wäldern tummeln sich Luchse, Braunbären, Vielfraße (eine große Marderart) und auch zunehmend wieder Wölfe. Rehe und Elche sind in ganz Schweden verbreitet. Fahren Sie bei Dämmerung deswegen besonders vorsichtig.

S27	Können Sie uns einen *schönen/kurzen* Wanderweg empfehlen?	Skulle du kunna rekommendera oss en *vacker/kort* vandringsled? ['skɵle dü: 'kɵna rekomen'de:ra os en 'waker/kort 'wandringsle:d]
	Wo kann man ?	Var kan man ? [wa:r kan man]
S28	☑ eine Wanderkarte bekommen	☑ få tag på en vandringskarta [fo: ta:g po: en 'wandrings'ka:rta]
S29	☑ angeln	☑ fiska ['fiska]
S30	☑ ein Fahrrad mieten	☑ hyra en cykel ['hü:ra en 'sükel]
S31	☑ ein Mountainbike mieten	☑ hyra en mountainbike ['hü:ra en 'mauntenbaik]
S32	☑ gut joggen	☑ jogga bra ['joga bra:]
S33	☑ reiten	☑ rida ['ri:da]
S34	Gibt es in der Nähe eine Reitschule?	Finns det en ridskola i närheten? [fins de:t en 'ri:dsku:la i: nä:r'he:ten]

In Schweden ist man zurecht stolz auf die schöne Natur. Das **Allemansrätten** (Jedermannsrecht) ist ein altes Gewohnheitsrecht, das nicht schriftlich festgehalten ist, jedoch von bestimmten Gesetzestexten eingeschränkt wird (wie z.B. dem Jagdgesetz oder den Naturschutzbestimmungen). Es ermöglicht jedem, sich sehr frei in der Natur zu bewegen, auch wenn es sich um privaten Grundbesitz handelt. Man darf fast überall in der Natur wandern, Fahrrad fahren, Ski fahren und reiten, selbst auf privaten Straßen. Doch sollte man sich von Privathäusern fernhalten, um die Eigentümer nicht zu stören. Überhaupt ist das Jedermannsrecht kein Freibrief, zu stören oder gar zu zerstören. Genauere Informationen finden Sie unter **www.schwedentipps.se/jedermannsrecht-schweden.html**.

Wassersport

Vattensport

Ich würde gern ⬚.	Jag skulle gärna vilja ⬚. [jaː(g) 'skɵle 'jæːrna 'wilja]
S35 ☑ Kajak fahren	☑ paddla kajak ['padla ka'jaːk]
S36 ☑ segeln	☑ segla ['seːgla]
S37 ☑ kitesurfen	☑ kitesurfa ['kaɪt sɵrfa]
S38 ☑ tauchen	☑ dyka ['dyːka]
S39 ☑ Wasserski fahren	☑ åka vattenskidor ['oːka 'waten'schiːdur]
S40 ☑ wellenreiten	☑ vågsurfa ['woːgsɵrfa]
S41 ☑ windsurfen	☑ vindsurfa ['windsɵrfa]

Ich möchte ⬚ mieten.	Jag skulle vilja hyra ⬚. [jaː(g) 'skɵle 'wilja 'hyːra]
S42 ☑ ein Motorboot	☑ en motorbåt [en 'muːturboːt]

S43 ☑ einen Katamaran	☑ en katamaran [en katama'ra:n]
S44 ☑ ein Segelboot	☑ en segelbåt [en 'se:gelbo:t]
S45 ☑ ein Ruderboot	☑ en roddbåt [en 'rudbo:t]
S46 ☑ ein Tretboot	☑ en trampbåt [en 'trampbo:t]
S47 ☑ ein Kajak	☑ en kajak [en ka'ja:k]
S48 ☑ ein Surfbrett	☑ en surfbräda [en 'sürfbrä:da]
S49 ☑ eine Taucheraus-rüstung	☑ en dykarutrustning [en 'dü:kar'ü:trüstning]
S50 Wie ist der Wellen-gang?	Är vågorna höga? [ä:r 'wo:gurna 'hö:ga]
S51 Ich möchte schwim-men gehen. *(im Schwimmbad)*	Jag vill gå och simma. [ja:(g) wil go: ok 'sima]
(im See oder Meer)	Jag vill gå och bada. [ja:(g) wil go: ok 'bada]
S52 Gibt es ein Freibad in der Nähe?	Finns det ett utebad i närheten? [fins de:t et 'ü:teba:d i: nä:r'he:ten]
S53 Gibt es ein Hallenbad in der Nähe?	Finns det en simhall i närheten? [fins de:t en 'simhal i: nä:r'he:ten]
S54 Ist dies das Nicht-schwimmerbecken?	Är det här barnbassängen? [ä:r de:t hä:r 'ba:rnba'sängen]
Wo sind die ❓?	Var är ❓? [wa:r ä:r]
S55 ☑ Duschen	☑ duscharna ['düscharna]
S56 ☑ Umkleideräume	☑ omklädningsrummen ['omklä:dnings'rümen]
S57 ☑ Schließfächer	☑ värdesaksfacken ['wä:rdesa:ks'faken]
S58 Wo bekomme ich die passende Münze?	Var kan jag få tag på det passande myntet? [wa:r kan ja:(g) fo: ta:g po: de:t 'pasande 'müntet]
S59 Wo bekomme ich den Chip?	Var kan jag få tag på ett chip? [wa:r kan ja:(g) fo: ta:g po: et tschip]

Am Strand

På stranden

S60 Wie komme ich zum Strand?	**Hur kommer jag till stranden?** [hü:r 'komer ja:(g) til 'stranden]
S61 Darf man hier schwimmen? *(im Schwimmbad)*	**Får man simma här?** [fo:r man 'sima hä:r]
(im See oder Meer)	**Får man bada här?** [fo:r man 'ba:da hä:r]
Det är flod. [de:t är flu:d]	Es ist Flut.
Det är ebb. [det är eb]	Es ist Ebbe.
S62 Gibt es gefährliche Strömungen?	**Finns det farliga strömmar?** [fins de:t 'fa:rliga 'strömar]
S63 Gibt es gefährliche Quallen?	**Finns det farliga maneter?** [fins de:t 'fa:rliga ma'ne:ter]

Ich möchte ☑ kaufen.	Jag skulle vilja köpa ☑. [jaː(g) ˈsküle ˈwilja ˈschöːpa]
Ich möchte ☑ mieten.	Jag skulle vilja hyra ☑. [jaː(g) ˈsküle ˈwilja ˈhüːra]
S64 ☑ einen Sonnen-schirm	☑ ett parasoll [et ˈparaˈsol]
S65 ☑ einen Strandstuhl	☑ en solstol [en ˈsuːlstuːl]
S66 ☑ einen Windschutz	☑ ett vindskydd [et ˈwindschüd]

Wintersport
Vintersport

T01	Wo befindet sich der Skilift?	Var är skidliften? [waːr äːr ˈschiːdliften]
T02	Wann macht der Lift zu?	Hur dags stänger liften? [hüːr dags ˈstänger ˈliften]
	Ich würde gern ☑.	Jag skulle gärna vilja ☑. [jaː(g) ˈsküle ˈjäːrna ˈwilja]
T03	☑ einen Tagespass kaufen	☑ köpa ett dagskort [ˈschöːpa et ˈdakskut]
T04	☑ einen Wochenpass kaufen	☑ köpa ett veckokort [ˈschöːpa et ˈwekukut]
T05	☑ einen Skikurs machen	☑ delta i en skidkurs [ˈdeːlta i en ˈschiːdkürs]
T06	☑ Ski laufen	☑ åka skidor [ˈoːka ˈschiːdur]
T07	☑ Schlittschuh laufen	☑ åka skridskor [ˈoːka ˈskriskur]
T08	☑ Schlitten fahren (traditioneller Schlitten)	☑ åka kälke [ˈoːka ˈschälke]
	(flacher Schlitten, Bob)	☑ åka pulka [ˈoːka ˈpülka]

T09 Gibt es eine Eisbahn?	**Finns det en skridskobana?** [fins deːt en ˈskriskuˈbaːna]
Ich möchte ☐ ausleihen.	**Jag skulle vilja hyra ☐.** [jaː(g) ˈskůle ˈwilja ˈhüːra]
T10 ☑ ein Paar Ski	☑ **ett par skidor** [et paːr ˈschiːdur]
T11 ☑ Skischuhe	☑ **ett par skidpjäxor** [et paːr ˈschiːdpjäksur]
T12 ☑ ein Snowboard	☑ **en snowboard** [en ˈsno̯uboːrd]
T13 ☑ ein Paar Langlaufski	☑ **ett par längdåkningsskidor** [et paːr ˈlängdoːkningsˈschiːdur]
T14 ☑ Schlittschuhe	☑ **ett par skridskor** [et paːr ˈskriskur]
T15 ☑ einen Schlitten	☑ **en kälke** [en ˈschälke]

Wellness

Wellness

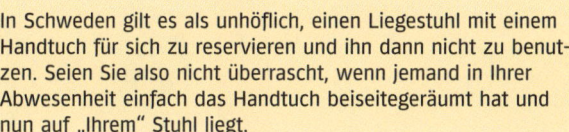

In Schweden gilt es als unhöflich, einen Liegestuhl mit einem Handtuch für sich zu reservieren und ihn dann nicht zu benutzen. Seien Sie also nicht überrascht, wenn jemand in Ihrer Abwesenheit einfach das Handtuch beiseitegeräumt hat und nun auf „Ihrem" Stuhl liegt.

Ich möchte ☐.	**Jag skulle vilja ☐.** [jaː(g) ˈskůle ˈwilja]
T16 ☑ ein Dampfbad nehmen	☑ **bada ångbastu** [ˈbaːda ˈongbastu]
T17 ☑ eine Massage buchen	☑ **boka en massage** [ˈbuːka en maˈsaːsch]
T18 ☑ ein Handtuch leihen	☑ **låna en handduk** [ˈloːna en ˈhandüːk]
T19 ☑ einen Bademantel leihen	☑ **låna en badkappa** [ˈloːna en ˈbaːdkapa]

T20	☑ die Sauna benutzen	☑ utnyttja bastun ['üːtnütja 'bastün]
T21	☑ in die Therme gehen	☑ besöka ett spa [be'söːka et spaː]

Schweden hat eine ausgeprägte Saunakultur. Viele Haushalte haben eine eigene Sauna. Ein Tipp: Wenn man in einer gemischten Gruppe mit Männern und Frauen, die sich untereinander nicht gut kennen, saunt, behält man die Badebekleidung an. Kennt man einander, saunt man nackt.

	Ich hätte gern ⬚.	Jag skulle gärna vilja ha ⬚. [jaː(g) 'skɵle 'jäːrna 'wilja haː]
T22	☑ ein Gesichtspeeling	☑ en ansiktspeeling [en 'ansikts'piːling]

T23 ☑ ein Körperpeeling	☑ en kroppspeeling [en 'krops'piːling]
T24 ☑ eine Maniküre	☑ en manikyr [en mani'küːr]
T25 ☑ eine Pediküre	☑ en pedikyr [en pedi'küːr]
Bieten Sie ☒ an?	Erbjuder du ☒? ['eːrbjüːder düː]
T26 ☑ Ayurveda-Anwendungen	☑ ayurveda behandlingar [aju'weːda be'handlingar]
T27 ☑ Anwendungen mit Naturkosmetik	☑ behandlingar med naturlig kosmetika [be'handlingar meːd na'tüːrlig kos'meːtika]
Ich würde gern ☒ teilnehmen.	Jag skulle gärna vilja deltaga ☒. [jaː(g) 'sküle 'jäːrna 'wilja 'deːltaː]
T28 ☑ am Gymnastikunterricht	☑ i gymnastikundervisningen [i: jüm'nastiкünder'wisningen]
T29 ☑ am autogenen Training	☑ i autogen träning [i: auto'geːn 'träːning]
T30 ☑ am Yogaunterricht	☑ i yogaundervisningen [i: 'joːga'ünder'wiːsningen]
T31 ☑ am Pilatesunterricht	☑ i pilatesundervisningen [i: 'pi'laːtes'ünder'wiːsningen]
T32 ☑ an der Meditation	☑ i meditationen [i: medita'schuːnen]

Museen und Ausstellungen
Museum och utställningar

U01 Ich möchte mir diese Ausstellung ansehen.	Jag skulle vilja se den här utställningen. [jaː(g) 'sküle 'wilja seː den häːr 'üːtstälningen]
Wir gehen ☒.	Vi går ☒. [wiː goːr]
U02 ☑ ins Museum	☑ på museet [poː mü'seːet]
U03 ☑ in die Galerie	☑ på galleriet [poː gale'riːet]
U04 ☑ in den Zoo	☑ på zoo [poː suː]

137

Im Stockholmer Freilichtmuseum Skansen können Sie sich das schwedische Leben vergangener Zeiten ansehen. Zahlreiche Stadt- und Landgebäude wurden in den verschiedensten Regionen in Schweden abgebaut und hier wieder aufgebaut. Handwerkliche und landwirtschaftliche Betriebe sind mit historischem Gerät ausgestattet und werden wie früher bewirtschaftet. Angegliedert ist auch ein Tierpark, in dem vorwiegend die nördliche Tierwelt vertreten ist. Im Museumsladen finden Sie attraktives Kunsthandwerk. Bei www.skansen.se/en können Sie sich (auf Englisch) genauer erkundigen.

Freilichtmuseum Skansen

| U05 | Muss man für die Sonderausstellung Eintritt bezahlen? | Måste man betala inträde för specialutställningen? ['moste man be'ta:la 'inträ:de fö:r spes'ja:l'ü:tstälningen] |
| U06 | Verkaufen Sie zu dieser Ausstellung einen Katalog? | Säljer ni en katalog till den här utställningen? ['säljer ni: en kata'lo:g til den hä:r 'ü:tstälningen] |

U07 Ich möchte einen Aus-
stellungskatalog
kaufen.

Jag skulle vilja köpa en utställningskatalog.
[ja:(g) 'skŭle 'wilja 'schö:pa en
'ü:tstälningskata'lo:g]

Das Drottningholms Schloss auf der Insel Lovön bei Stockholm
steht zurecht auf der Weltkulturerbeliste der UNESCO. Es ist
seit 1981 Sitz der schwedischen Königsfamilie und lockt mit
einem wunderschönen Park, einem prächtigen Barockschloss
und einem zauberhaften Lustschloss im chinesischen Stil die
Besucher an. In der Schlosskirche kann man die Cahman-Orgel
aus dem Jahre 1730 bewundern.

Ich interessiere mich für ☑.	Jag intresserar mig för ☑. [jaː(g) intreˈseːrar mej föːr]
U08 ☑ Gemälde	☑ målningar [ˈmoːlningar]
U09 ☑ Skulpturen	☑ skulpturer [skŭlpˈtüːrer]
U10 ☑ Geschichte	☑ historia [hisˈtuːria]
U11 ☑ naturwissenschaftliche Ausstellungen	☑ naturvetenskapliga utställningar [naˈtüːrˈweːtenskaːpliga ˈüːtstälningar]
U12 ☑ Technik	☑ teknik [tekˈniːk]

Für Kinder und Jugendliche bis 18 Jahren ist der Eintritt zu den schwedischen Museen, die dem Staat gehören, in der Regel frei. Sollten Sie kulturinteressiert sein und sich länger in Stockholm aufhalten, lohnt sich die Stockholmkarte (Stockholmskortet [ˈstokholmsˈkutet]), mit der Sie kostenfrei über 75 Museen besichtigen und alle Verkehrsmittel des öffentlichen Nahverkehrs nutzen können. Die Stockholmkarte ist in Touristeninformationen erhältlich.

Nachtleben
Nattliv

U13	Wir möchten tanzen gehen.	Vi vill gå ut och dansa. [wi wil goː üːt ok ˈdansa]
U14	Welche Musik läuft in diesem Club?	Vad spelar de för slags musik på den klubben? [waːd ˈspeːlar dom föːr slaks müˈsiːk poː den ˈklüben]
U15	Was für Leute gehen dorthin?	Vilken sorts publik går dit? [ˈwilken sorts pŭˈbliːk goːr diːt]
U16	Was zieht man da an?	Vad är det för klädstil där? [waːd äːr deːt föːr ˈkläːdstiːl däːr]
U17	Wann macht der Club auf?	När öppnar klubben? [näːr ˈöpnar ˈklüben]

U18	Hier ist nichts los.	Här är helt dött. [hä:r ä:r he:lt döt]
U19	Können wir woanders hingehen?	Kan vi gå någon annan stans? [kan wi: go: 'no:gon 'anan stans]
U20	Lass uns ein Bier trinken gehen!	Låt oss gå och ta en öl! [lo:t os go: ok ta: en ö:l]
U21	Kennen Sie/Kennst du eine nette Kneipe?	Känner du till en trevlig krog? ['käner dü: til en 'tre:wlig kru:g]
U22	Hier gefällt's mir.	Här är det trevligt. [hä:r ä:r de:t 'tre:wlit]

Kino, Theater, Konzert
Bio, teater, konsert

U23	Ich würde gern ins Theater gehen.	Jag skulle gärna vilja gå på teater. [ja:(g) 'sküle 'jä:rna 'wilja go: po: te'a:ter]

U24	Lass uns ins Kino gehen.	Låt oss gå på bio. [loːt os goː poː ˈbiːu]
U25	Was läuft gerade?	Vad går det för filmer nu? [waːd goːr deːt föːr ˈfilmer nüː]
	Ich möchte ☑ sehen.	Jag skulle vilja se ☑. [jaː(g) ˈsküle ˈvilja seː]
U26	☑ einen Abenteuer-film	☑ en äventyrsfilm [en ˈäːwentüːrsfilm]
U27	☑ einen Horrorfilm	☑ en skräckfilm [en ˈskräkfilm]
U28	☑ eine Komödie	☑ en komedi [en komeˈdiː]
U29	☑ eine Liebesge-schichte	☑ en kärlekshistoria [en ˈschäːrlekshisˈtuːria]
U30	☑ einen Science-Fic-tion-Film	☑ en science-fiction-film [en ˈsajens ˈfikschen film]
U31	☑ einen Trickfilm	☑ en tecknad film [en ˈteknad film]
U32	☑ etwas Lustiges	☑ något roligt [ˈnoːgot ˈruːlit]
U33	☑ etwas Ernstes	☑ något seriöst [ˈnoːgot seriˈöːst]
	Wann fängt ☑ an?	När börjar ☑? [näːr ˈbörjar]
U34	☑ der Film	☑ filmen [ˈfilmen]
U35	☑ das Stück	☑ stycket [ˈstüket]
U36	☑ das Konzert	☑ konserten [konˈsäːren]

Den/Det börjar klockan ... [den/deːt ˈbörjar ˈklokan]	Er/Es fängt um ... Uhr an.

U37	Wann ist *er/es* zu Ende?	När slutar *den/det*? [näːr ˈslüːtar den/deːt]
U38	Wir könnten in die Oper gehen.	Vi kan gå på opera. [wi kan goː poː ˈuːpera]
U39	Wir könnten zum Kon-zert gehen.	Vi kan gå på konsert. [wiː kan goː poː konˈsäːr]
	Gibt es noch Karten für ☑?	Finns det fortfarande biljetter till ☑? [ˈfins deːt ˈfutfaːrande bilˈjeter til]

U40 ☑ die Abendvorstel- lung	☑ kvällsföreställningen ['kwälsföre'stälningen]
U41 ☑ die Matinée	☑ matinén [mati'neːn]
Wie viel kosten Plätze ☐?	Hur mycket kostar platserna ☐? [hüːr 'müke 'kostar 'platserna]
U42 ☑ in den vorderen Reihen	☑ i den första raden [iː den 'första 'raːden]
U43 ☑ in der Loge	☑ i logen [iː 'loːschen]
U44 ☑ in der Mitte	☑ i mitten [iː 'miten]
U45 ☑ im Parkett	☑ på parkettplats [poː par'ketplats]
U46 Gibt es auch Steh- plätze?	Finns det också ståplatser? [fins deːt 'okso 'stoːplatser]
U47 Ich hätte gern ein Pro- gramm.	Jag skulle gärna vilja ha ett program. [jaː(g) 'skůle 'jäːrna 'wilja haː et pro'gram]

Nödfall
Notfälle

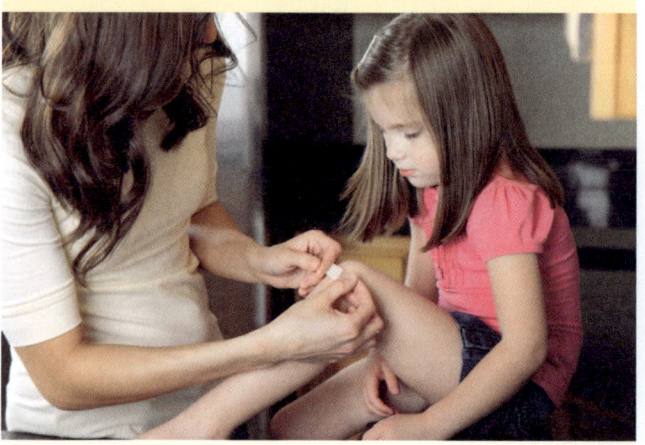

Notruf
Nödsamtal

> Die wichtigste Notrufnummer in Schweden ist **112**. Damit errei-
> chen Sie eine Vermittlung, die Sie je nach Bedarf an den Ret-
> tungsdienst, die Polizei oder die Feuerwehr weiterleitet.

V01	Verbinden Sie mich mit dem Rettungs- dienst!	Koppla mig till räddningstjänsten! ['kopla mej til 'rädnings'schänsten]
V02	Die Polizei, bitte!	Polisen, tack! [pu'liːsen tak]
V03	Die Feuerwehr, bitte!	Brandkåren tack! ['brandkoːren tak]
V04	Kommen Sie schnell zu ...!	Kom snabbt till ...! [kom snabt til]
V05	Es hat einen Unfall gegeben.	Det har skett en olycka. [deːt haːr schet en 'uːlüka]
V06	Es hat eine Schlägerei gegeben.	Det har varit ett slagsmål. [deːt haːr 'waːrit et 'slaksmoːl]
V07	Es brennt!	Det brinner! [deːt 'briner]
V08	Hilfe!	Hjälp! [jälp]

Auf der Polizeiwache
På polisstationen

	Ich möchte ▢.	Jag vill ▢. [jaː(g) wil]
V09	☑ jemanden anzeigen	☑ anmäla någon ['anmäːla 'noːgon]
V10	☑ eine Aussage machen	☑ avge ett yttrande ['aːwje et 'ütrande]
V11	☑ einen Diebstahl melden	☑ anmäla en stöld ['anmäːla en stöld]

V12	☑ eine Schlägerei melden	☑ anmäla ett slagsmål ['anmä:la et 'slaksmo:l]
V13	☑ eine Vermisstenanzeige machen	☑ anmäla ett försvinnande ['anmä:la et för'swinande]
V14	☑ einen Anwalt sprechen	☑ tala med en advokat ['ta:la me:d en adwo'ka:t]
V15	☑ einen Telefonanruf tätigen	☑ ringa ett samtal ['ringa et 'samta:l]
	Mir wurde ☐ gestohlen.	Jag har blivit bestulen på ☐. [ja:(g) ha:r 'bli:wit be'stü:len po:]
V16	☑ mein Auto	☑ min bil [min bi:l]
V17	☑ meine Brieftasche	☑ min plånbok [min 'plo:nbu:k]
V18	☑ mein Geldbeutel	☑ min portmonnä [min portmo'nä:]
V19	☑ mein Handy	☑ min mobiltelefon [min mo'bi:ltele'fon]
V20	☑ meine Handtasche	☑ min handväska [min 'handwäska]
	Ich wurde ☐.	Jag blev ☐. [ja:(g) ble:w]
V21	☑ ausgeraubt	☑ rånad ['ro:nad]

V22	☑ verprügelt	☑ misshandlad ['mishandlad]
V23	☑ vergewaltigt	☑ våldtagen ['woldta:gen]
V24	Es gibt einen Zeugen.	Det finns ett vittne. [de:t fins et 'witne]
V25	Es gibt keine Zeugen.	Det finns inga vittnen. [de:t finns 'inga 'witnen]

Beim Arzt und im Krankenhaus
Hos läkaren och på sjukhuset

Eine Auslandskrankenversicherung, die den Transport in die Heimat mit einschließt, ist auf Reisen immer eine gute Idee.
In Schweden können EU-Bürger im Notfall die Versorgung durch das schwedische Gesundheitssystem beanspruchen. Die Vorlage des Personalausweises oder Reisepasses genügt, doch es ist empfehlenswert, sich bei seiner Krankenkasse die europäische Versicherungskarte (EHIC) bzw. eine Ersatzbescheinigung zu besorgen.

W01	Ich brauche einen Arzt.	Jag behöver en läkare. [ja:(g) be'hö:wer en 'lä:kare]

In Schweden ist im Krankheitsfall der Allgemeinmediziner (allmänläkare ['almän'lä:kare]) der erste Anlaufpunkt. Zugang zu einem Facharzt gibt es in der Regel durch Überweisung.

	Wo ist ☐?	Var finns ☐? [wa:r fins]
W02	☑ die nächste Arztpraxis	☑ närmsta läkarmottagning ['nä:rmsta 'lä:kar'mu:ta:gning]

W03 ☑ ein Krankenhaus	☑ det ett sjukhus [deːt et ˈschüːkhüːs]
W04 ☑ eine Unfallchirurgie	☑ det en akutmottagning [deːt en ˈaküːtˈmuːtaˈgning]
W05 ☑ ein Allgemeinmediziner/eine Allgemeinmedizinerin	☑ det en allmänläkare [deːt en ˈalmänˈläːkare]
W06 ☑ ein Augenarzt/eine Augenärztin	☑ det en ögonläkare [deːt en ˈöːgonˈläːkare]
W07 ☑ ein Hautarzt/eine Hautärztin	☑ det en hudläkare [deːt en ˈhüːdläːkare]
W08 Das ist meine Versichertenkarte.	Det är mitt försäkringskort. [deːt äːr mit förˈsäːkringskut]
W09 Das ist meine Krankenversicherung.	Det är min sjukförsäkring. [deːt äːr min ˈschüːkförsäːkring]

Var så vänlig och ta plats i väntrummet. [waːr soː ˈwänlig ok taː plats iː ˈwäntrümet]	Bitte nehmen Sie im Wartezimmer Platz.

W10 Ich würde lieber mit einer Ärztin sprechen.	Jag vill hellre tala med en kvinnlig läkare. [jaː(g) wil ˈhelre ˈtaːla meːd en ˈkwinlig ˈläːkare]
W11 Ich hatte einen Unfall.	Jag har råkat ut för en olycka. [jaː(g) haːr ˈroːkat üːt föːr en ˈuːlüka]
W12 Ich habe (starke) Schmerzen.	Jag har (starka) smärtor. [jaː(g) haːr (ˈstarka) ˈsmärtur]
Es ist ein ☐ Schmerz.	Det är en ☐ smärta. [deːt äːr en … ˈsmärta]
W13 ☑ andauernder	☑ ihållande [ˈiːholande]
W14 ☑ wiederholt auftretender	☑ ständigt återkommande [ˈständigt ˈoːterkomande]
W15 ☑ brennender	☑ brännande [ˈbränande]
W16 ☑ dumpfer	☑ tryckande [ˈtrükande]
W17 ☑ stechender	☑ stickande [ˈstikande]

Gör det ont? [jöːr deːt unt]	Tut das weh?

W18	Hier tut es weh.	Här gör det ont. [hä:r jö:r de:t unt]
W19	Das tut weh!	Det gör ont! [de:t jör unt]
	Ich habe mir ☐ gebrochen.	Jag har brutit ☐. [ja:(g) ha:r 'brü:tit]
W20	☑ den *linken/rechten* Arm	☑ den *vänstra/högra* armen [den 'wänstra/ 'hö:gra 'armen]
W21	☑ eine Rippe	☑ ett revben [et 're:wbe:n]
W22	☑ das Schlüsselbein	☑ nyckelbenet ['nükelbe:net]
W23	☑ die Schulter	☑ skuldran ['sküldran]
W24	☑ das Bein	☑ benet ['be:net]
W25	☑ den Fuß	☑ foten ['fu:ten]
W26	☑ den Zeh	☑ tån ['to:n]
	Ich habe mir ☐ verstaucht.	Jag har stukat ☐. [ja:(g) ha:r 'stü:kat]
W27	☑ die Hand	☑ min hand [min 'hand]
W28	☑ den Finger	☑ mitt finger [mit 'fingret]
W29	☑ den Daumen	☑ min tumme [min 'tüme]
W30	☑ das Handgelenk	☑ min handled [min 'handle:d]
W31	Ich möchte, dass das geröntgt wird.	Jag skulle vilja bli röntgad. [ja:(g) 'sküle 'wilja bli: 'röntgad]

Är du gravid? [ä:r dü: gra'wi:d]	Sind Sie schwanger?

W32	Ich fühle mich schwach.	Jag känner mig svag. [ja:(g) 'schäner mej swa:g]
W33	Mir ist schwindelig.	Jag är yr. [ja:(g) ä:r ü:r]
W34	Mir ist übel.	Jag mår illa. [ja:(g) mo:r 'ila]
W35	Ich musste mich übergeben.	Jag var tvungen att kräkas. [ja:(g) va:r 'twungen at 'krä:kas]
W36	Ich war ohnmächtig.	Jag var medvetslös. [ja:(g) wa:r 'me:dwets'lö:s]

W37	Mein Bauch tut weh.	Det gör ont i magen. [deːt jöːr unt iː ˈmaːgen]
W38	Ich habe Rücken-schmerzen.	Jag har ont i ryggen. [jaː(g) haːr unt iː ˈrügen]
W39	Ich habe Kopfschmer-zen.	Jag har huvudvärk. [jaː(g) haːr ˈhüːwüdˈwäːrk]
W40	*Er/Sie* hat Fieber.	*Han/Hon* har feber. [han/hun haːr ˈfeːber]
	Können Sie mir ☒ geben/verschreiben?	Kan du *ge mig/ordinera* ☒? [kan düː jeː mej/ ordiˈneːra]
W41	☑ Antibiotika	☑ antibiotika [antibiˈoːtika]
W42	☑ etwas gegen ...	☑ något emot ... [ˈnoːgot eˈmuːt]
W43	☑ Schmerzmittel	☑ smärtstillande medel [ˈsmärtstilande ˈmeːdel]
W44	Ich habe Angst vor Spritzen.	Jag är rädd för sprutor. [jaː(g) äːr räd föːr ˈsprüːtur]
W45	Bitte waschen Sie sich die Hände.	Var så snäll och tvätta händerna. [waːr soː snäl ok ˈtwäta ˈhänderna]
W46	Ich bin Diabetiker/ Diabetikerin.	Jag är diabetiker. [jaː(g) äːr diaˈbeːtiker]
W47	Ich bin Epileptiker/ Epileptikerin.	Jag är epileptiker. [jaː(g) äːr epiˈleptiker]
W48	*Er/Sie* braucht drin-gend Medikamente.	*Han/Hon* har snabbt behov av medicin. [han/hun haːr snabt beˈhuːw aːw mediˈsiːn]
W49	*Er/Sie* braucht drin-gend Insulin.	*Han/Hon* behöver snabbt insulin. [han/hun beˈhöːwer snabt insuˈliːn]

Tar du någon medicin regelbundet eller för tillfället? [taːr düː ˈnoːgon mediˈsiːn reːgelˈbŭndet ˈeler föːr ˈtilfälet]	Nehmen Sie/Nimmst du irgendwelche Medikamente ein?

W50	Ja, ich nehme ...	Ja, jag tar ... [ja jaː(g) taːr]

Har du någon allergi? [ha:r dü: 'no:gon aler'gi:]	Haben Sie/Hast du irgendwelche Allergien?

Ich bin allergisch gegen ⬚.	**Jag är allergisk mot ⬚.** [ja:(g) ä:r a'lergisk mu:t]
W51 ☑ Insektenstiche	☑ **insektsstick** ['insekts|stik]
W52 ☑ Penizillin	☑ **penicillin** [penisi'li:n]
Ich habe ⬚.	**Jag har ⬚.** [ja:(g) ha:r]
W53 ☑ Asthma	☑ **astma** ['astma]
W54 ☑ Atembeschwerden	☑ **andningssvårigheter** ['andningsswo:rig'he:ter]
W55 ☑ Durchfall	☑ **diarré** [dia're:]
W56 ☑ eine Entzündung	☑ **en inflammation** [en inflama'schu:n]
W57 ☑ eine Erkältung	☑ **en förkylning** [en för'schü:lning]
W58 ☑ Grippe	☑ **influensa** [influ'ensa]
W59 ☑ einen *schmerzhaften/brennenden* Hautausschlag	☑ **ett *smärtsamt/brännande* hudutslag** [et 'smärtsamt/'bränande 'hü:dü:tsla:g]
W60 ☑ Heuschnupfen	☑ **hösnuva** ['hö:snü:wa]
W61 ☑ Husten	☑ **hosta** ['husta]
W62 ☑ einen (tiefen) Schnitt	☑ **ett (djupt) sår** [et (jü:pt) so:r]
W63 ☑ einen Sonnenbrand	☑ **bränt mig i solen** [bränt mej i: 'solen]
W64 ☑ eine Verbrennung	☑ **en brännskada** [en 'bränska:da]
W65 ☑ eine Wunde	☑ **ett sår** [et so:r]
W66 Ich habe mich verbrannt.	**Jag har fått en brännskada.** [ja:(g) ha:r fot en 'bränska:da]
W67 Vielleicht habe ich einen Sonnenstich.	**Jag kanske har fått solsting.** [ja:r 'kansche ha:r fot 'su:lsting]
W68 Ich bin erkältet.	**Jag är förkyld.** [ja:(g) ä:r för'schü:ld]

151

W69 Ich wurde von einem Hund gebissen. | Jag har blivit biten av en hund. [jaː(g) haːr 'bliːwit 'biːten aw en hünd]

W70 Ich wurde von einer Kreuzotter gebissen. | Jag har blivit biten av en huggorm. [jaː(g) haːr 'bliːwit 'biːten aw en 'hügurm]

W71 Ich habe eine Pilzvergiftung. | Jag har blivit förgiftad av svamp. [jaː(g) haːr 'bliːwit för'jiftad aw swamp]

W72 Ich habe eine Fischvergiftung. | Jag har blivit förgiftad av fisk. [jaː(g) haːr 'bliːwit för'jiftad aw fisk]

W73 Ich habe eine Austernvergiftung. | Jag har blivit förgiftad av ostron. [jaː(g) haːr 'bliːwit för'jiftad aw 'ustron]

| Jag måste lägga in dig på sjukhus. [jaː(g) 'moste 'läga in dej poː 'schüːkhüːs] | Ich muss Sie/dich ins Krankenhaus einweisen. |

| Du måste opereras. [dü: 'moste ope're:ras] | Sie müssen/Du musst operiert werden. |

W74 Wann werde ich operiert? | När blir jag opererad? [näːr bliːr jaː(g) ope're:rad]

| Vilken blodgruppe tillhör du? ['wilken 'bluːdgrüp 'tilhöːr dü:] | Welche Blutgruppe haben Sie? |

W75 Meine Blutgruppe ist A/B/AB/0 positiv. | Jag tillhör blodgrupp *A/B/AB/0* positiv. [jaː(g) 'tilhöːr 'bluːdgrüp aː/beː/aː beː/nol pusi'tiːw]

W76 Meine Blutgruppe ist A/B/AB/0 negativ. | Jag tillhör blodgrupp *A/B/AB/0* negativ. [jaː(g) tilhöːr 'bluːdgrüp aː/beː/aː beː/nol nega'tiːw]

W77 Ich will keine Bluttransfusion. | Jag vill inte ha någon blodtransfusion. [jaː(g) wil 'inte ha: 'noːgon bluːdtransfu'schuːn]

| Ich bin (nicht) gegen ☐ geimpft. | Jag är (inte) vaccinerad emot ☐. [jaː(g) äːr ('inte) waksi'neːrad e'muːt] |

W78 ☑ Tetanus | ☑ stelkramp ['steːlkramp]

W79 ☑ Polio	☑ polio ['puːliu̯]
W80 ☑ Tollwut	☑ rabies ['raːbies]
W81 Wann darf ich aufstehen?	När får jag stiga upp? [näːr foːr jaː(g) 'stiːga ŭp]
W82 Schwester, ich brauche Hilfe!	Syster, jag behöver hjälp! ['süster jaː(g) be'höːwer jälp]
W83 Wann werde ich entlassen?	När blir jag utskriven? [näːr bliːr jaː(g) 'üːtskriwen]

Beim Zahnarzt
Hos tandläkaren

X01 Kennen Sie einen guten Zahnarzt/eine gute Zahnärztin?	Känner du till en bra tandläkare? ['schäner düː til en braː 'tandläːkare]
X02 Ich habe Zahnschmerzen.	Jag har tandvärk. [jaː(g) haːr 'tandwäːrk]
X03 Das Zahnfleisch ist entzündet.	Tandköttet är inflamerat. ['tandschötet äːr in'flameːrat]
X04 Mir ist eine Füllung herausgefallen.	Jag har tappat en fyllning. [jaː(g) haːr 'tapat en 'fülning]
X05 Mir ist ein Stück vom Zahn abgebrochen.	En bit av min tand har gått av. [en biːt aw min tand haːr got aːw]
X06 Mir ist ein Stück von der Krone abgebrochen.	En bit av min tandkrona har gått av. [en biːt aːw min 'tandkruːna haːr got aːw]
X07 Könnten Sie das provisorisch behandeln?	Kan du göra en provisorisk lagning? [kan düː 'jöːra en pruwi'suːrisk 'laːgning]

Där behöver du en fyllning. [däːr be'höːwer düː en 'fülning]	Sie brauchen/Du brauchst eine Füllung.

Den tanden måste jag dra ut. [den 'tanden 'moste ja:(g) dra: ü:t]	Der Zahn muss gezogen werden.

X08 Ich möchte eine (lokale) Betäubung.	Jag vill ha (lokal) bedövning. [ja:(g) 'wil ha (lo'ka:l) be'dö:wning]

Lite grammatik
Ein wenig Grammatik

Nomen

Singular		
	unbestimmte Form	**bestimmte Form**
1. Deklination	**en** klocka (eine Uhr)	klocka**n** (die Uhr)
2. Deklination	**en** kopp (eine Tasse)	koppe**n** (die Tasse)
	en pojke (ein Junge)	pojke**n** (der Junge)
3. Deklination	**en** familj (eine Familie)	familje**n** (die Familie)
	en sak (eine Sache)	sake**n** (die Sache)
	ett kafé (eine Café)	kafé**et** (das Café)
4. Deklination	**ett** foto (ein Foto)	foto**t** (das Foto)
5. Deklination	**ett** kort (eine Karte)	korte**t** (die Karte)
	en lärare (eine Lehrer)	lärare**n** (der Lehrer)

Plural		
	unbestimmte Form	**bestimmte Form**
1. Deklination	klock**or** (Uhren)	klockor**na** (die Uhren)
2. Deklination	kopp**ar** (Tassen)	koppar**na** (die Tassen)
	pojk**ar** (Jungen)	pojkar**na** (die Jungen)

3. Deklination	familjer (Familien)	familjerna (die Familien)
	saker (Sachen)	sakerna (die Sachen)
	kaféer (Cafés)	kaféerna (die Cafés)
4. Deklination	foton (Fotos)	fotona (die Fotos)
5. Deklination	kort (Karten)	korten (die Karten)
	lärare (Lehrer)	lärarna (die Lehrer)

Singular und Plural (einige Grundregeln)

Anders als im Deutschen wird der unbestimmte Artikel an das Nomen angehängt. Es gibt folgende Deklinationstypen:

1. Deklination: mehrsilbige **en**-Wörter auf unbetont **-a**

2. Deklination: die meisten einsilbigen **en**-Wörter auf Konsonant; mehrsilbige **en**-Wörter auf unbetont **-e**

3. Deklination: mehrsilbige, schlussbetonte **en**-Wörter (oft Fremdwörter); einige einsilbige **en**-Wörter

4. Deklination: **ett**-Wörter auf Vokal

5. Deklination: **ett**-Wörter auf Konsonant; einige **en**-Wörter auf **-are**

Der Genitiv

Der Genitiv wird mit der Endung **-s** gebildet.

Singular	
unbestimmte Form	bestimmte Form
en klockas (einer Uhr)	klockans (der Uhr)

Plural	
unbestimmte Form	bestimmte Form
klockors (der Uhren)	klockornas (der Uhren)

ADJEKTIVE

unbestimmte Form		
Singular		**Plural**
en-Wörter	ett-Wörter	en-/ett-Wörter
stor (groß/große/großer/großes)	stort (groß/große/großer/großes)	stora (große)

bestimmte Form
Singular/Plural
en-/ett-Wörter
stora (groß/große/großer/großes)

Die unbestimmte Form des Adjektivs wird nach den unbestimmten Artikeln en/ett sowie in der unbestimmten Form im Plural verwendet, nach någon/något/några (irgendein/irgendwelche und nach inte någon/inte något/inte några, ingen/inget/inga (kein/keine).

Die bestimmte Form des Adjektivs wird nach dem bestimmten, dem Nomen vorangestellten Artikel den/det/de verwendet, wobei das Nomen seinen angehängten bestimmten Artikel behält, z.B. **den** stora klockan (die große Uhr).

Die bestimmte Form wird auch verwendet nach:

den/det/de här (dieser/diese/dieses)	**den här** stora klockan (diese große Uhr)
den/det/de där (jener/jene/jenes)	**den där** stora klockan (jene große Uhr)
Possessivpronomen (Achtung: nach einem Possessivpronomen steht das Substantiv in unbestimmter Form)	**min** stora klocka (meine große Uhr)

Pronomen

PERSONALPRONOMEN

Subjektform		Objektform	
jag	ich	mig	mich/mir
du	du, Sie	dig	dich/dir, Sie/Ihnen
han	er (bei Personen)	honom	ihn/ihm
hon	sie (bei Personen)	henne	sie/ihr
den	er, sie, es (bei en-Wörtern)	den	ihn/ihm, sie/ihr, es/ihm (bei en-Wörtern)
det	er, sie, es (bei ett-Wörtern)	det	ihn/ihm, sie/ihr, es/ihm (bei ett-Wörtern)
vi	wir	oss	uns
ni	ihr, Sie	er	euch, Sie/Ihnen
de	sie (bei Personen sowie en- u. ett-Wörtern)	dem	sie/ihnen (bei Personen sowie en- u.ett-Wörtern)

Die reflexiven Formen werden zusammen mit reflexiven Verben verwendet, z.B. bestämma sig (sich entscheiden)

Reflexive Form	
mig	mich/mir (ich)
dig	dich/dir, sich (du, Sie)
sig	sich (er, sie, es)

oss	uns (wir)
er	euch, sich (ihr, Sie)
sig	sich (sie)

INTERROGATIVPRONOMEN

Singular		Plural
en-Wörter	ett-Wörter	en- u. ett-Wörter
vilken (welcher)	vilket (welcher)	vilka (welche)

Weitere Interrogativpronomen und -adverbien

vem	wer, wen, wem	varifrån	woher
vems	wessen	hur	wie
vad	was	när	wann
var	wo	varför	warum
vart	wohin		

POSSESSIVPRONOMEN

Singular		
en-Wörter	ett-Wörter	
min	mitt	mein
din	ditt	dein, ihr
hans	hans	sein (bei Personen)
hennes	hennes	ihr (bei Personen)
dess	dess	sein, ihr (bei en- u. ett-Wörtern)
vår	vårt	unser
er	ert	euer
deras	deras	ihr (bei Personen sowie en- u. ett-Wörtern)

Plural	
en-/ett-Wörter	
mina	meine
dina	deine, Ihre
hans	seine (bei Personen)
hennes	ihre (bei Personen)
dess	seine, ihre (bei en- u. ett-Wörtern)
våra	unsere
era	eure
deras	ihre (bei Personen sowie en- u. ett-Wörtern)

Wenn sich das Possessivpronomen auf das Subjekt des Satzes bezieht, also den „Besitz" des Subjekts anzeigt, werden in der 3. Person Singular und Plural die reflexiven Formen sin, sitt und sina verwenden:

Reflexive Possessivpronomen

Singular		
en-Wörter	**ett-Wörter**	
min	mitt	mein
din	ditt	dein, Ihr
sin	**sitt**	sein (eigener), ihr (eigener)
vår	vårt	unser
er	ert	euer, Ihr
sin	**sitt**	ihr (eigener) (bei Personen sowie en- u. ett-Wörtern)

Plural	
en-/ett-Wörter	
mina	meine
dina	deine, Ihre
sina	seine (eigenen), ihr (eigenen)
våra	unser
era	eure, Ihre
sina	ihre (eigenen) (bei Personen sowie en- u. ett-Wörtern)

RELATIVPRONOMEN

Das Relativpronomen som (der, die, das) leitet einen Nebensatz ein. Es kann sich auf Sachen und Personen beziehen und wird nicht dekliniert:

Peter har en bil, **som** är ny.	Peter hat ein Auto, **das** neu ist.
Karins syster, **som** heter Lena, bor i Lund.	Karins Schwester, die Lena heißt, wohnt in Lund.

INDEFINITPRONOMEN

Singular			
en-Wörter		**ett-Wörter**	
någon	(irgend)ein, jemand	något	(irgend)ein, (irgend)etwas
ingen	kein, niemand	inget	kein, nichts
inte någon	kein, niemand	inte något	kein, nichts

Plural	
en-/ett-Wörter	
några	irgendwelche, einige/ein paar
inga	keine
inte några	keine

DEMONSTRATIVPRONOMEN

Singular			
en-Wörter		**ett-Wörter**	
den här	dieser (hier)	det här	dieser (hier)
den där	jener (dort)	det där	jener (dort)

Plural	
en-/ett-Wörter	
de här	diese (hier)
de där	jene (dort)

Verben

Die Verben haben in allen Personen die gleiche Form, z.B. jag/du/han/hon/vi/ni/de **talar/talade/har talat** (Präsensform/Präteritums-form/Perfektform von tala (sprechen)).

PRÄSENS

	Infinitiv	Präsens
1. Konjugation	tala (sprechen)	talar
2. a) Konjugation	ringa (anrufen)	ringer
2. b) Konjugation	köpa (kaufen)	köper
2. c) Konjugation	hyra (mieten)	hyr

3. Konjugation	bo (wohnen)	bor
4. Konjugation	skriva (schreiben)	skriver
	gå (gehen)	går

IMPERATIV/STAMM

	Infinitiv	Imperativ/Stamm
1. Konjugation	tala (sprechen)	tala
2. a) Konjugation	ringa (anrufen)	ring
2. b) Konjugation	köpa (kaufen)	köp
2. c) Konjugation	hyra (mieten)	hyr
3. Konjugation	bo (wohnen)	bo
4. Konjugation	skriva (schreiben)	skriv
	gå (gehen)	gå

PRÄTERITUM

Das Präteritum wird verwendet, um einen Vorgang auszudrücken, der sich zu einem bestimmten Zeitpunkt oder in einem bestimmten Zeitraum in der Vergangenheit abgespielt hat.

	Infinitiv	Präteritum
1. Konjugation	tala (sprechen)	talade
2. a) Konjugation	ringa (anrufen)	ringde
2. b) Konjugation	köpa (kaufen)	köpte
2. c) Konjugation	hyra (mieten)	hyrde
3. Konjugation	bo (wohnen)	bodde
4. Konjugation	skriva (schreiben)	skrev
	gå (gehen)	gick

SUPINUM

Die Supinumform benötigen Sie, um das Perfekt und das Plusquamperfekt zu bilden.

	Infinitiv	Supinum
1. Konjugation	tala (sprechen)	talat
2. a) Konjugation	ringa (anrufen)	ringt
2. b) Konjugation	köpa (kaufen)	köpt
2. c) Konjugation	hyra (mieten)	hyrt
3. Konjugation	bo (wohnen)	bott
4. Konjugation	skriva (schreiben)	skrivit
	gå (gehen)	gått

PERFEKT

Das Perfekt wird mit der Präsensform des Hilfsverbs ha (haben) und der Supinumform des Vollverbs gebildet, z.B. jag har talat (ich habe gesprochen). Das Perfekt wird für Vorgänge in der Vergangenheit verwendet, wenn keine genaue Zeitangabe gemacht wird.

	Infinitiv	Perfekt
1. Konjugation	tala (sprechen)	har talat
2. a) Konjugation	ringa (anrufen)	har ringt
2. b) Konjugation	köpa (kaufen)	har köpt
2. c) Konjugation	hyra (mieten)	har hyrt
3. Konjugation	bo (wohnen)	har bott
4. Konjugation	skriva (schreiben)	har skrivit
	gå (gehen)	har gått

PLUSQUAMPERFEKT

Das Plusquamperfekt wird mit der Präteritumsform des Hilfsverbs ha (haben) und der Supinumform des Vollverbs gebildet, z.B. du hade talat (du hattest gesprochen).

	Infinitiv	Plusquamperfekt
1. Konjugation	tala (sprechen)	hade talat
2. a) Konjugation	ringa (anrufen)	hade ringt
2. b) Konjugation	köpa (kaufen)	hade köpt
2. c) Konjugation	hyra (mieten)	hade hyrt
3. Konjugation	bo (wohnen)	hade bott
4. Konjugation	skriva (schreiben)	hade skrivit
	gå (gehen)	hade gått

FUTUR

Das Futur wird mit der Präsensform eines der Hilfsverben ska (werden/wollen), tänka (wollen/beabsichtigen) oder komma att (werden) und dem Infinitiv des Vollverbs gebildet, z.B. ni ska/tänker/kommer att tala (ihr wollt/werdet sprechen). Mit tänker wird die Absicht des Subjekts betont. Wie im Deutschen kann das Futur im Schwedischen oft auch durch die einfache Präsensform ausgedrückt werden.

	Infinitiv	Futur
1. Konjugation	tala (sprechen)	ska/tänker/kommer att tala
2. a) Konjugation	ringa (anrufen)	ska/tänker/kommer att ringa
2. b) Konjugation	köpa (kaufen)	ska/tänker/kommer att köpa
2. c) Konjugation	hyra (mieten)	ska/tänker/kommer att hyra

3. Konjugation	bo (wohnen)	ska/tänker/kommer att bo
4. Konjugation	skriva (schreiben)	ska/tänker/kommer att skriva
	gå (gehen)	ska/tänker/kommer att gå

Bildtafeln zum Zeigen

Von A bis Z
Deutsch-Schwedisch

Hinweis: Bei Verben werden neben dem Infinitiv noch die Formen für Präsens, Imperfekt und Supinum angegeben. Bei Adjektiven wird in der Regel die Grundform ohne Endungen angegeben. Bei neutralen Nomen wird der Genus vermerkt. Ein Nomen ohne Genusangabe ist gemeinsamen Geschlechts.

A

ab från [froːn], *ab dem 3. März* från och med den 3:e mars [froːn ok meːd den 'treːdje mars]

Abend kväll [kwäl], *Guten Abend!* God kväll! [guː kwäl], *heute Abend* i kväll [i: kwäl]

Abendessen kvällsmat ['kwälsmaːt]

abends på kvällarna [poː 'kwälarna]

aber men [men]

abfahren åka ['oːka] <åker, åkte, åkt>

Abfahrt *(auf Fahrplänen)* avgång ['awgong]

abfliegen flyga ['flüːga] <flyger, flög, flugit>

Abflug avgång ['awgong]

abheben *(Geld vom Konto)* ta ut [ta: üːt] <tar, tog, tagit>, *(Flugzeug vom Boden)* starta ['staːrta] <startar, startade, startat>

abholen hämta ['hämta] <hämtar, hämtade, hämtat>

Absender, Absenderin avsändare ['aːwsändare]

absolut absolut [absu'lüːt]

Achtung! se upp! [seː ŭp]

Adapter adapter [a'dapter]

addieren addera [a'deːra] <adderar, adderade, adderade>

Adresse adress [a'dres]

Aids aids [äjds]

Akku batteri [bate'riː] *n.*

Alkohol alkohol [alku'hoːl]

alkoholfrei alkoholfri [alku'hoːlfriː]

alle alla ['ala]

allein ensam ['ensam]

Allergie allergi [aller'giː]

Allgemeinmediziner, Allgemeinmedizinerin allmänläkare ['almänläːkare]

als *(zeitlich)* när [näːr], *(nach einem Komparativ)* än [än]

also alltså ['altso]

alt gammal ['gamal]

Alter ålder ['older]

Ameise myra ['müːra]

Ampel trafikljus [tra'fiːkjüːs] *n.*

amüsant roligt ['ruːlit]

an *(Angabe einer Lage oder Position)* på [poː], *am Strand* på stranden [poː 'stranden], *an der*

Wand på väggen [po: 'wägen], an der Haltestelle stehen stå vid hållplatsen [sto: wi:d 'holplatsen], an der Kreuzung links abbiegen ta till vänster i korsningen [ta: til 'wänster i: 'kosningen], ein Brief an jdn ett brev till ngn [et bre:w til]

anbieten erbjuda ['e:rbjü:da] <erbjuder, erbjöd, erbjudit>

anderer, andere, anderes annan ['anan], ○ annat ['anat]

anders (unterschiedlich) annorlunda [anor'lünda]

Anfahrtsbeschreibung vägbeskrivning ['wä:gbeskri:wning]

Anfang början ['bö:rjan], am Anfang i början [i: 'början], Anfang Mai i början av maj [i: 'början a:w maj]

anfangen börja ['börja] <börjar, började, börjat>

Angebot (Auswahl) urval ['ü:rwa:l] n., (Sonderangebot) erbjudande ['e:rbjü:dande] n.

ankommen anlända ['anlända] <anländer, anledde, anlett>

Ankunft ankomst ['ankomst]

anmelden anmäla ['anmä:la] <anmäler, anmälde, anmält>, sich anmelden anmäla sig ['anmä:la sej]

Anruf telefonsamtal [tele'fo:nsam'ta:l] n.

anrufen ringa ['ringa] <ringer, ringde, ringt>

Anschluss (auf Reisen) förbindelse ['förbindelse]

Anschlussflug anslutningsflyg ['anslü:tnings'flü:g] n.

Anspitzer pennvässare ['penwäsare]

Antibiotika antibiotika [antibi'o:tika]

Antrag ansökning ['ansö:kning]

Antwort svar [swa:r] n.

antworten svara ['swa:ra] <svarar, svarade, svarat>

anzahlen betala handpenning ['beta:la hand'pening] <betalar, betalade, betalat>

Anzahlung handpenning [hand'pening]

Anzeige (Annonce) annons ['anons], (Strafanzeige) anmälan [an'mä:lan], Anzeige gegen jdn erstatten anmäla ngn [an'mä:la] <anmäler, anmälde, anmält>

Anzug kostym [kos'tü:m]

Apfel äpple ['äple] n.

Apotheke apotek [apo'te:k] n.

Appetit aptit [ap'ti:t], Guten Appetit! Smaklig måltid! ['sma:klig 'mo:lti:d]

April april [a'pril]

Arbeit arbete ['arbe:te] n., (Arbeitsstelle) arbetsplats ['arbe:tsplats]

arbeiten arbeta ['arbe:ta] <arbetar, arbetade, arbetat>

Arbeitserlaubnis arbetstillstånd ['arbe:ts'tilstond] n.

arm fattig ['fatig]

Arm arm [arm]

Armbanduhr armbandsur ['armbandsü:r] n.

Arzt, Ärztin läkare ['lä:kare]

Aschenbecher askfat ['askfɑ:t] *n.*

auch också ['okso], **auch nicht** inte heller ['inte 'heler], *Er spricht auch kein Schwedisch.* Han pratar inte heller någon svenska. [han 'prɑ:tar 'inte 'heler 'no:gon 'svenska]

auf på [po:], *Die Zeitung liegt auf dem Tisch.* Tidningen ligger på bordet. ['tiningen 'liger po: 'burdet]

Aufenthalt vistelse ['wistelse], *(Zwischenstopp)* uppehåll ['upehol] *n.*

aufhören sluta ['slü:ta] <slutar, slutade, slutat>

aufstehen resa sig upp ['re:sa sej up] <reser, reste, rest>, *(nach dem Schlafen)* stiga upp ['sti:ga up] <stiger, steg, stigit>

Auge öga ['ö:ga] *n.*

August augusti [aʊ'gʊsti], **im August** i augusti [i: aʊ'gʊsti]

aus *(Präposition: von einem Ort)* från [fro:n], *Ich bin aus Leipzig.* Jag kommer från Leipzig. [jɑ:(g) 'komer fro:n 'laipzig], av [a:w], **aus Wolle** av ylle [a:w 'üle], *(adjektivisch und zeitlich: vorbei)* slut [slü:t]

Ausdruck *(vom Computer)* utskrift ['ü:tskrift], *(Miene,Phrase, Wort)* uttryck ['ü:trük] *n.*

ausdrucken skriva ut ['skri:wa ü:t] <skriva, skrev, skrivit>

ausdrücken uttrycka ['ü:trüka] <uttrycker, uttryckte, uttryckt>

Ausfahrt utfart ['ütfa:rt]

Ausflug uttflykt ['ü:tflükt]

ausfüllen fylla i ['füla i:] <fyller, fyllde, fyllt>

Ausgang utgång ['ü:tgong]

ausgebucht full bokat [fül 'bu:kat]

Auskunft upplysning ['üplü:sning]

ausmachen *(ausschalten)* stänga av ['stänga a:w] <stänger, stängde, stängt>

Ausschlag utslag ['ü:tsla:g] *n.*

aussehen se ut [se: ü:t] <ser, såg, sett>

aussteigen stiga av ['sti:ga a:w] <stiger, steg, stigit>

Ausweis legitimation(skort) [legitima'schu:n(skut)], *(Personalausweis)* identitetskort [idänti'te:tskut]

Auto bil [bi:l]

Autobahn motorväg ['mu:turwä:g]

Autobahnauffahrt påfart ['po:fa:rt]

Automat automat [aʊto'mɑ:t], *(Geldautomat)* bankomat [banko'mɑ:t]

automatisch automatisk [aʊto'mɑ:tisk]

B

Baby bebi ['be:bi]

Babyfläschchen nappflaska ['napflaska]

Babynahrung barnmat ['ba:rnmɑ:t]

Babypuder barnpuder ['ba:rnpü:der] *n.*

Bach bäck [bäk]

Bäcker, Bäckerin bagare
['ba:gare], beim Bäcker hos
bagaren [hus 'ba:garen]
Bäckerei bageri [ba:ge'ri:] *n.*
Bad badrum ['ba:drŭm] *n.*
baden bada ['ba:da] <badar,
badade, badat>
Badewanne badkar [ba:dka:r] *n.*
Bahn tåg [to:g] *n.*
Bahnhof tågstation
['to:gsta'schu:n]
Bahnsteig perrong [pe'rong]
bald snart [sna:rt]
Balkon balkong [bal'kong]
Ball boll [bol]
Banane banan [ba'na:n]
Bank *(Finanzinstitut)* bank [bank],
(Sitzmöbel) bänk [bänk]
Bankleitzahl clearingnummer
['kli:ring'nŭmer]
bar in bar kontant [kon'tant]
Bargeld kontanter [kon'tanter] *Pl.*
Bart skägg [schäg] *n.*
Batterie batteri [bate'ri:] *n.*
Bauch mage ['ma:ge]
Baum träd [trä:d] *n.*
bedeuten betyda [be'tü:da]
<betyder, betydde, betytt>
beginnen börja ['börja] <börjar,
började, börjat>
behalten *(nicht weggeben)*
behålla [be'hola] <behåller, behöll,
behållit>, *(nicht vergessen)*
komma ihåg [koma i:'ho:g]
<kommer, kom, kommit>
behindert handikappad
['handi'kapad]

Behinderter, Behinderte handi-
kappad ['handi'kapad]
Behindertenausweis handikapp-
legitimation
['handikaplegitima'schu:n]
behindertengerecht handikapp-
vänligt ['handikapp'vä:nligt]
bei vid [wi:d], *(bei Personen)* hos
[hus]
beide båda ['bo:da]
Bein ben [be:n] *n.*
bekommen få [fo:] <får, fick, fått>
benutzen använda ['anwända]
<använder, använde, använt>
Berg berg [berj] *n.*
Beruf yrke ['ü:rke] *n.*
Beschwerde klagomål
['kla:gumo:l]
beschweren klaga [kla:ga]
<klagar, klagade, klagat>, sich
beschweren besvära sig
[beswä:ra sej] <besvärar,
besvärade, besvärat>
besetzt upptaget [ŭp'ta:get]
besser bättre ['bätre]
Besserung förbättring
[fö:r'bätring], Gute Besserung!
Krya på dig! ['krü:a po: dej]
bestätigen bekräfta [be'kräfta]
<bekräftar, bekräftade, bekräftat>
Bestätigung bekräftelse
[be'kräftelse]
bestellen beställa [be'stäla]
<beställer, beställde, beställt>
besuchen besöka [be'sö:ka]
<besöker, besökte, besökt>
Betrug bedrägeri [bedrä:ge'ri:] *n.*

Bett säng [säng], ins Bett gehen
gå och lägga sig [go: ok 'läga sej]
Bettbezug överkast ['ö:werkast] *n.*
Bettdecke täcke ['täke] *n.*
Bettlaken lakan ['la:kan] *n.*
Bettzeug sängkläder
['sängklä:der] *Pl.*
bezahlen betala [be'ta:la] <betalar,
betalade, betalat>
Bier öl [ö:l]
Bild bild [bild], *(gemalt)* målning
['mo:lning]
billig billig ['bilig]
bio... biodynamisk
[bi:udü'na:misk]
Bioladen hälsokostaffär
['hälsukosta'fä:r]
Birne päron ['pä:ron] *n.*
bis till och med [til ok me:d], bis
Bremen till och med Bremen [til
ok me:d 'bre:men]
bisschen lite ['li:te], ein bisschen
lite ['li:te], kein bisschen inte alls
['inte als]
bitte *(wenn man etwas möchte)*
tack [tak], *(wenn man etwas
anbietet)* varsågod ['warsogu:d],
*(Antwort auf Danke, gern gesche-
hen)* varsågod ['warsogu:d], Wie
bitte? Ursäkta? ['ü:rsäkta]
Bitte Ich hätte eine Bitte, ... Jag
har en önskan ... [ja:(g) ha:r e:n
'önskan]
bitten be [be:] <ber, bad, bett>,
jdn um etw. bitten be ngn om
ngt [be: ... om]
bitter bitter ['biter]
Blase blåsa ['blo:sa]

Blatt blad [bla:d] *n.*
Blätterteig smördeg ['smö:rde:g]
blau blå [blo:]
bleiben stanna ['stana] <stannar,
stannade, stannat>
bleifrei blyfri ['blü:fri:]
Bleistift blyertspenna
['blü:erts'pena]
blind blind [blind]
Blindenhund ledarhund
['le:darhund]
Blume blomma ['bluma]
Blumenladen blomsteraffär
['blomster|a'fä:r]
Bluse blus [blü:s]
Blut blod [blu:d] *n.*
Boot båt [bo:t]
brauchen behöva [be'hö:wa]
<behöver, behövde, behövt>
braun brun [brü:n]
breit bred [bre:d]
Breite bredd [bred]
Bremse broms [boms]
bremsen bromsa ['bromsa]
<bromsar, bromsade, bromsat>
Brief brev [bre:w] *n.*
Briefmarke frimärke ['fri:mä:rke] *n.*
bringen *(mitbringen)* ta med sig
[ta: me:d sej] <tar, tog, tagit>,
jdm etw. bringen ge ngn ngt
[je:] <ger, gav, gett>, *(hinbringen)*
Bringen Sie mich ins Hotel! Kör
mig till hotellet! [schö:r mej til
ho'telet], Können Sie mich zum
Bahnhof bringen? Kan du köra
mig till stationen? [kan dü:
'schö:ra mej til sta'schu:nen]
Bronchitis bronchit [bron'ki:t]

Brot bröd [brö:d] *n.*
Bruder bror [bru:r]
Brust bröst [bröst] *n.*, *(Busen)*
barm [barn]
Buch bok [bu:k] *n.*
buchen boka ['bu:ka] <bokar,
bokade, bokat>
Buchstabe bokstav ['buksta:w]
buchstabieren bokstavera
[buksta'we:ra] <bokstavar,
bokstaverade, bokstaverat>
Bucht *(groß)* bukt [bŭkt], *(klein)*
vik [wi:k]
Buchung bokning ['bu:kning]
Büro kontor [kon'tu:r] *n.*
Bus buss [bŭs], *(Reisebus)* turist-
buss [tŭ'ristbŭs]
Busbahnhof busstorg ['bŭstorj] *n.*
Bushaltestelle busshållplats
['bŭsholplats]
Bußgeld böter ['bö:ter]
Butter smör [smö:r] *n.*

C

Café café [ka'fe:]
campen campa ['kampa] <campar,
campade, campat>
Campingplatz campingplats
['kampingplats]
CD cd [se:'de:]
Cent cent [sent]
Chance chans [schans]
Chef, Chefin chef [sche:f]
christlich kristlig ['kristlig]
Cola cola ['ko:la]
Computer dator ['da:tor]
Cousin, Cousine kusin [kŭ'si:n]
Creme kräm [krä:m]

D

da *(zu einem bestimmten Zeit-*
punkt in der Vergangenheit, in
dem Moment) då [do:], *(weil)*
eftersom ['eftersom], *(dort)* där
[dä:r]
Dach tak [ta:k] *n.*
Dame dam [da:m]
Damenbinde dambinda
['da:mbinda]
Damentoilette *(Aufschrift)* dam-
toalett ['da:mtua'let]
daneben bredvid ['bre:wi:d]
Dank tack [tak] *n.*, Vielen Dank!
Tack så mycket! [tak so: 'mϋke]
danke tack [tak]
danken tacka ['taka] <tackar,
tackade, tackat>
dann *(zeitlich)* sedan ['se:dan],
(eine Konsequenz ausdrückend)
Ich habe Hunger. – Dann iss
doch was. Jag är hungrig. – Ät
något då. [ja:(g) ä:r 'hϋngrig – ä:t
'no:got do:]
das -(e)n [(e:)n], *n.* -(e)t
[(e)t] →*Kurzgrammatik S. 155*
dass att [at]
Datum datum ['da:tϋm] *n.*
Daumen tumme ['tϋme]
Decke täcke ['täke] *n.*
defekt defekt [de'fekt]
dein, deine din [din], *n.* ditt
[dit] →*Kurzgrammatik S. 159*
denken tänka ['tänka] <tänker,
tänkte, tänkt>, *(annehmen, glau-*
ben) tro [tru:] <tror, trodde, trott>
denn för [fö:r]

der, **die**, **das** -(e)n [(e:)n], *n.* -(e)t [(e)t] →*Kurzgrammatik S. 155*
deutsch tysk [tüsk]
Deutscher, **Deutsche** tysk [tüsk], tyska [tüska]
Deutschland Tyskland ['tüskland] *n.*
Dezember december [de'sember]
Diät diet [di'e:t]
dich dig [dej]
→*Kurzgrammatik S. 158*
dick tjock [schok]
die -(e)n [(e:)n], *n.* -(e)t [(e)t] →*Kurzgrammatik S. 155*
Dienstag tisdag ['ti:sda:g]
dies *(demonstrativ, auf etw. zeigend)* den här [den hä:r], *n.* det här [de:t hä:r], *(auf einen Sachverhalt bezogen)* denna ['dena], *n.* detta ['deta]
dieser, **diese**, **dieses** den här [den hä:r], *n.* det där [de:t dä:r]
Ding sak [sa:k]
Diphtherie difteri [difte'ri:]
direkt direkt [di'rekt]
Direktflug direktflyg [di'rektflü:g] *n.*
dolmetschen översätta ['ö:wersäta] <översätter, översatte, översatt>
Dolmetscher, **Dolmetscherin** översättare ['ö:wersätare]
Dom domkyrka ['dumschü:rka]
Donnerstag torsdag ['tu:rsda:g]
doppelt dubbel ['dübel]
Doppelzimmer dubbelrum ['dübelrüm] *n.*
Dorf by [bü:]

dort där [dä:r], **dort drüben** där borta [dä:r 'borta]
Dose burk [bürk], *(Konserve)* konservburk [kon'serwbürk]
draußen ute ['ü:te], *(im Freien)* utomhus ['ü:tomhü:s]
drinnen inne ['ine], *(nicht im Freien)* inomhus ['inomhü:s], *(auf etw. zeigend)* da drinnen där i(nne) [dä:r i:(ne)]
Drittel tredjedel ['tre:dje'de:l]
drücken trycka ['trüka] <trycker, tryckte, tryckt>
Drucker skrivare ['skri:ware]
du du [dü:] →*Kurzgrammatik S. 158*
dunkel mörk [mö:rk]
durch *(räumlich)* genom ['je:nom], eine Reise mit dem Zug durch Norrland en resa med tåg genom Norrland [e:n 're:sa me:d to:g 'je:nom 'norland], durch den Fluss schwimmen simma över floden ['sima 'ö:wer 'flu:den]
Durchsage meddelande ['me:de:lande] *n.*
dürfen få [fo:] <får, fick, fått>, Das darf man nicht. Det får man inte. [de:t fo:r man 'inte]
Durst törst [törst], Durst haben vara törstig [wa:ra 'törstig]
Dusche dusch [düsch]
duschen duscha ['düscha] <duschar, duschade, duschat>

E

EC-Karte betalkort [be'ta:lkut] *n.*
Ehe äktenskap ['äktenska:p] *n.*
Ehefrau hustru ['hüstrü:]

Ehemann make ['ma:ke]
Ehepaar gift par [gift pa:r] *n.*
Ei ägg [äg] *n.*
eigener, **eigene**, **eigenes** egen
['e:gen], *n.* eget ['e:get]
eilig bråttom [bro'tom], **Ich habe**
es eilig. Jag har bråttom. [ja:(g)
ha:r bro'tom]
ein, **eine** *(unbestimmter Artikel)* en
[en], *n.* ett [et]
einfach *(ohne Mühe)* enkelt
['engkelt], **einfache Fahrt** enkel
väg ['engkel wä:g]
Eingang ingång ['ingong]
einkaufen *(Einkäufe erledigen)*
handla ['handla] <handlar,
handlade, handlat>, *(kaufen)*
köpa ['schö:pa] <köper, köpte,
köpt>
Einkaufszentrum köpcentrum
['schö:psentrüm] *n.*
einladen bjuda in ['bju:da in]
<bjuder, bjöd, bjudit>
Einladung inbjudan ['inbju:dan]
einlösen *(Scheck, Gutschein)* lösa
in ['lö:sa in] <löser, löste, löst>
einmal en gång [en gong]
einpacken packa in ['paka in]
<packar, packade, packat>
Einreise inresa [in're:sa]
einreisen resa in ['re:sa in] <reser,
reste, rest>
einsteigen stiga in ['sti:ga in]
<stiger, steg, stigit>
Einweg... engångs... ['e:ngongs]
Einzelzimmer enkelrum
['engkelrüm] *n.*
Eis glass [glas]

Eisbahn skridskobana
['skriskuba:na]
Eislaufen skridskoåkning
['skriskuo:kning]
Eisstadion isstadion [i:s|sta:dion]
Eltern föräldrar [för'äldrar]
E-Mail e-post ['e:|post]
Empfänger, **Empfängerin** motta-
gare [mu:'ta:gare]
empfehlen rekommendera
[rekomen'de:ra] <rekommenderar,
rekommenderade,
rekommenderat>
Ende slut [slü:t]
englisch engelsk ['engelsk]
entgräten bena ['be:na] <benar,
benade, benat>
entschuldigen ursäkta ['ü:rsäkta]
<ursäkter, ursäktade, ursäktat>,
sich entschuldigen ursäkta sig
['ü:rsäkta sej]
Entschuldigung ursäkt ['ü:rsäkt],
Entschuldigung! Ursäkta!
['ü:rsäkta]
entspannen slappna av ['slapna
aw] <slappnar, slappnade,
slappnat>
entwickeln utveckla ['ü:twekla]
<utvecklar, utvecklade, utvecklat>,
(Film) framkalla ['framkala]
<framkallar, framkallade,
framkallat>
Entwicklung ['ü:twekling], *(Film)*
framkallning [fram'kalning]
er han
[han] →*Kurzgrammatik S. 158*
Erdbeere jordgubbe ['ju:dgübe]

Erdgeschoss bottenvåning
['botenwo:ning]
erklären förklara ['fö:rkla:ra]
<förklarar, förklarade, förklarat>
erlauben tillåta ['tilo:ta] <tillåter,
tillät, tillåtit>
Ermäßigung rabatt [ra'bat]
erster, erste, erstes första
['första]
erwachsen vuxen ['wŭksen]
Erwachsener, Erwachsene vuxen
['wŭksen]
erzählen berätta [be'räta]
<berättar, berättade, berättat>
es den [den], *n.* det
[de:t] →*Kurzgrammatik S. 158*
essen äta ['ä:ta] <äter, åt, ätit>,
zum Essen ausgehen äta ute
['ä:ta 'ü:te]
Essig ättika ['ätika]
Etage våning ['wo:ning]
Etikett etikett ['etiket]
euch *(reflexiv)* er
[e:r] →*Kurzgrammatik S. 159*
euer, eure er [e:r], *n.* ert
[e:rt] →*Kurzgrammatik S. 159*
Euro euro ['ewro]
Europa Europa [e'ru:pa] *n.*
Europäer, Europäerin europé
[ero'pe:]
europäisch europeisk [ero'pe:isk]

F

Fabrik fabrik [fa'bri:k]
Fahne flagga ['flaga]
Fähre färja ['färja]
fahren åka ['o:ka] <åker, åkte, åkt>
Fahrer, Fahrerin förare ['fö:rare]

Fahrkarte biljett [bil'jet]
Fahrkartenautomat biljettauto-
mat [bil'jetauto'ma:t]
Fahrplan tidtabell ['ti:dtabel]
Fahrrad cykel ['sükel]
Fahrt *(im Auto)* resa ['re:sa], *(Stre-
cke)* väg [wä:g]
Fahrzeugpapiere fordonshand-
lingar ['fu:du:nshandlingar] *Pl.*
fallen falla ['fala] <faller, föll, fallit>,
etw. fallen lassen släppa ['släpa]
<släpper, släppte, släppt>
falsch fel [fe:l]
Familie familj [fa'milj]
familienfreundlich familjevänlig
[fa'milje'vänlig], Wir sind familien-
freundlich. Vi är familjevänliga.
[wi: ä:r fa'milje'vänliga]
Familienname efternamn
['efternamn] *n.*
Familienstand civilstånd
[si'wilstond]
Farbe färg [fä:rj]
Fass fat [fa:t], Bier vom Fass fatöl
['fa:tö:l]
fast nästan ['nästan]
Fax fax ['faks]
faxen faxa ['faksa] <faxar, faxade,
faxat>
Faxnummer faxnummer
['faksnŭmmer] *n.*
Februar februari [febrŭ'a:ri]
fehlen fattas ['fatas] <fattas,
fattades, fattats>, Eine Person
fehlt noch. En person fattas fort-
farande. [e:n per'su:n 'fatas
fu:t'fa:rande]
Fehler fel [fe:l]

Feier fest [fest]
Feiertag helgdag ['heljda:g]
Feld fält [fält] n.
Fels klippa ['klipa]
Fenster 'fönster ['fönster] n.
Ferien lov [lo:w] n. Sing.
Ferienhaus somarstuga ['somar'stü:ga], (in den Bergen) fjällstuga ['fjällstü:ga]
Fernglas kikare ['schi:kare]
fernsehen titta på TV ['tita på 'te:we:] <tittar, tittade, tittat>
Fernsehen TV ['te:we:]
fertig färdig ['fä:rdig]
Fertiggericht färdigmat ['färdigma:t]
Festland fastland ['fastland] n.
Feuer eld [eld]
Feuerzeug tändare ['tändare]
Fieber feber ['fe:ber]
Film film [film]
finden etw./jdn finden hitta ['hita] <hittar, hittade, hittat>, (beurteilen) gut finden tycka är bra ['tüka ä:r bra:] <tycker, tyckte, tyckt>, Wie findest du ...? Vad tycker du om ...? [wa:d tüker dü: om]
Finger finger ['finger] n.
Firma firma ['firma]
Fisch fisk [fisk]
Fischstäbchen fiskpinne ['fiskpine]
Fittnessraum motionsrum [mot'schu:nsrüm] n.
flach flat [fla:t]
Flasche flaska ['flaska]

Flaschenöffner flasköppnare ['flasköpnare]
Fleisch kött [schöt] n.
Fleischer, Fleischerin slaktare ['slaktare]
Fleischerei köttaffär [schöta'fä:r]
fliegen flyga ['flü:ga] <flyger, flög, flugit>
Flug flyg [flü:g] n.
Flughafen flygplats ['flü:gplats]
Flugzeug flygplan ['flü:gpla:n]
Fluss flod [flu:d]
Förde fjord [fjo:rd]
Form form [form]
Formular formulär [formü'lä:r] n., ein Formular ausfüllen fylla i ett formulär ['füla i: et formü'lä:r]
Foto foto ['futo] n.
fotografieren fotografera [futogra'fe:ra] <fotograferar, fotograferade, fotograferat>
Frage fråga ['fro:ga]
fragen fråga ['fro:ga] <frågar, fågade, frågat>
Frau kvinna ['kwina], (Anrede, Ehefrau) fru [frü:]
frei fri [fri:]
Freitag fredag ['fre:da:g]
Freizeit fritid ['fri:ti:d]
fremd främmande ['främande]
Fremdenverkehrsbüro turistbyrå [tü'ristbü'ro:]
freuen sich freuen glädja sig ['glä:dja sej] <glädjer, gladde, glatt>, sich über etw. freuen glädja sig över ngt ['glä:dja sej 'ö:wer]

Freund, Freundin ♂ vän [wän],
♀ väninna ['wäninna], *(Partner(in))*
partner ['pa:rtner]
Friseur, Friseurin ♂ frisör
[fri'sö:r], ♀ frisörska [fri'sö:rska]
früh *(Adj.)* tidig ['ti:dig], *(Adv.)*
tidigt ['ti:dit]
früher *(zeitiger)* tidigare
['ti:digare], Gibt es einen frühe-
ren Flug? Finns det ett tidigare
flyg. [fins de:t et 'ti:digare flü:g],
(einst) förr i tiden [för i: 'ti:den]
Frühling vår [wo:r]
Frühstück frukost ['frükost]
frühstücken äta frukost ['ä:ta
'frükost] <äter, åt, ätit>
führen föra ['fö:ra] <för, förde,
fört>
Führerschein körkort
['schö:rkut] *n.*
für för [för], Er ist groß für sein
Alter. Han är stor för sin ålder.
[han ä:r stu:r för sin 'older], *(für
jdn bestimmt)* till [til], Das ist für
dich. Den/Det är till dig. [den/
det ä:r til dej]
Fuß fot [fu:t]
Fußball fotboll ['fu:tbol]

G

Gabel gaffel ['gafel]
Garage garage [ga'ra:sch] *n.*
Garten trädgård ['trägo:rd]
Gärtner, Gärtnerin trädgårdsmäs-
tare ['trägo:rds'mästare]
Gas gas [ga:s]
Gast gäst [jäst]
Gebäude byggnad ['bügnad]

geben ge [je:] <ger, gav, gett>
Gebirge bergen ['berjen] *n. Pl.*,
(Hochgebirge in Skandinavien)
fjällen ['fjälen] *n. Pl.*
geboren född [föd], Wann sind
Sie geboren? När är du född?
[nä:r ä:r dü: föd]
Geburtsdatum födelsedatum
['fö:delse'da:tüm] *n.*
Geburtsort födelseort
['fö:delse|ut]
Geburtstag födelsedag
['fö:delseda:g], Herzlichen Glück-
wunsch zum Geburtstag! Hjärt-
liga gratulationer på födelseda-
gen! ['järtliga gratüla'schu:ner po:
'fö:delse'da:gen]
Gedeck kuvert [kü'ver]
gefährlich farlig ['fa:rlig]
gefallen tilltala ['tilta:la] <tilltalar,
tilltalade, tilltalat>
Gefängnis fängelse ['fängelse] *n.*
gegen *(räumlich)* mot [mu:t],
(Ablehnung ausdrückend) emot
[emu:t], *(ungefähr)* ungefär
[unge'fä:r], gegen 20 Uhr unge-
fär klockan åtta [unge'fä:r
'klockan 'o:ta]
Gegend område ['omro:de]
gehen *(sich fortbewegen)* gå [go:]
<går, gick, gått>, Mir geht es
(nicht) gut. Jag mår (inte) bra.
[ja:(g) mo:r ('inte) bra:], *(funktio-
nieren)* fungera [fün'ge:ra]
<fungerar, fungerade, fungerat>,
Das Radio geht nicht. Radion
fungerar inte. ['ra:dion fün'ge:rar
'inte]

gehören tillhöra [til'hö:ra] <tillhör, tillhörde, tillhört>

gelb gul [gü:l]

Geld pengar ['pengar] Pl.

Geldschein sedel ['se:del]

Gemüse grönsak ['grö:nsa:k], grönsaker ['grö:nsa:ker] Pl.

gemütlich mysig ['mü:sig]

genau precis [pre'si:s]

Gepäck bagage [ba'ga:sch] n.

gerade just [jüst]

geradeaus rakt fram [ra:kt fram]

Gericht (Mahlzeit oder Rechtsinstanz) rätt [rät]

gern, gerne gärna ['jä:rna]

Geschäft affär [a'fä:r]

Geschenk present [pre'sent]

geschieden skild [schild]

Geschmack smak [sma:k]

Gesicht ansikte ['ansikte] n.

Gespräch samtal ['samta:l] n.

gestern igår [i:'go:r]

gesund frisk [frisk]

Gesundheit hälsa ['hälsa], Gesundheit! Prosit! [pru:sit]

Getränk dryck [drük]

Gewicht vikt [wikt]

Gift gift [jift]

giftig giftig ['jiftig]

Glas glas [gla:s] n.

glatt hal [ha:l]

glauben tro [tru:] <tror, trodde, trott>

gleich (sofort) med detsamma [me:d de:t'sama], (übereinstimmend) lik [li:k]

Gleis (Schiene) skena ['sche:na], (Bahnsteig) perrong [pe'rong]

Gleitschirmfliegen glidflygning ['gli:dflü:gning]

Glück (zufriedener Zustand) lycka ['lüka], (zufallsbedingter Erfolg) tur [tü:r], Glück haben ha tur [ha: tü:r]

glücklich lycklig ['lüklig]

Gold guld [güld]

Golf golf [golf]

Golfplatz golfplats ['golfplats]

Göteborg Göteborg ['jöteborj]

Gotland Gotland ['gotland]

Grad grad [gra:d]

Gramm gram [gram] n.

Gräte ben [be:n] n.

gratulieren gratulera [gratü'le:ra] <gratulerar, gratulerade, gratulerat>

grau grå [gro:]

groß stor [stu:r], (hochgewachsen) lång [long]

Größe storlek ['stu:rle:k]

Großeltern (Eltern der Mutter) morföräldrar ['murför'äldrar], (Eltern des Vaters) farföräldrar ['fa:rför'äldrar]

Großmutter (Mutter der Mutter) mormor ['murmur], (Mutter des Vaters) farmor ['farmur]

Großvater (Vater der Mutter) morfar ['murfar], (Vater des Vaters) farfar ['farfar]

grün grön [grö:n]

Gruß hälsning ['hälsning], Schöne Grüße an ...! Vänliga hälsningar till ...! ['wänliga 'hälsningar til]

grüßen hälsa ['hälsa] <hälsar, hälsade, hälsat>, Grüß ... von

mir! Hälsningar ... från mig!
['hälsningar ... froːn mej]
gültig giltig ['jiltig]
Gurke gurka ['gürka]
gut bra [braː], god [guːd], Gut
gemacht! Bra gjort! [braː jurt]

H

Haar hår [hoːr] *n., (einzelnes Haar)*
hårstrå ['hoːrstroː]
haben ha [haː] <har, hade, haft>
Hähnchen kyckling ['schükling]
halb halv [halw], halb drei halv
tre [halw treː]
halber, **halbe**, **halbes** halv [halw],
n. halvt [halwt], ein halbes Kilo
ett halvt schilu [et halwt 'schiːlu]
Halbpension halvpension
['halwpen'schuːn]
Hälfte hälft ['hälft], *(eines Spiels)*
halvlek ['halwleːk]
hallo hej [häj]
Hals hals [hals]
halten hålla ['hola] <håller, höll,
hållit>
Hand hand [hand]
Handschuh handske ['handske],
(gestrickt) vante ['wante]
Handtuch handduk ['handüːk]
Handy mobil [mo'biːl]
Hauptspeise huvudrätt
['hüwüdrät]
Haus hus [hüːs] *n.*, zu Hause
hemma ['hema], nach Hause
hem [hem]
Haustier husdjur ['hüːsjüːr] *n.*
Hauswein husets vin ['hüːsets
wiːn] *n.*

heiraten gifta sig ['jifta sej] <gifter,
gifte, gift>
heiß het [heːt]
heißen heta ['heːta] <heter, hette,
hetat>, Wie heißen Sie? Vad
heter du? [waːd 'heːter düː]
helfen hjälpa ['jälpa] <hjälper,
hjälpte, hjälpt>
hell ljus [jüːs]
Hemd skjorta ['schurta]
Hepatitis hepatit [hepa'tiːt]
Herbst höst [höst]
Herd spis [spiːs]
Herr *(Anrede, höflich für ‚Mann',*
auf Briefumschlag) herr [her],
(Herrscher) härskare ['härskare]
Herrentoilette *(Aufschrift)* herr-
toalett [hertua'let]
heute idag [i'daːg], heute Nacht i
natt [i nat]
hier här [häːr]
Hilfe hjälp [jälp], Erste Hilfe första-
hjälpen ['första'jälpen]
Himbeere hallon ['halon] *n.*
hinten bak [baːk], ganz hinten
längst bak ['längst baːk], *(auf der*
rückwärtigen Seite) baksida
['baːksida], von hinten bakifrån
['baːkifroːn]
hinter bakom ['baːkom]
hoch hög [höːg]
Hochglanz högglans ['höːglans]
Hochstuhl barnstol ['baːrnstuːl]
Höhe höjd [höjd]
Höhle grotta ['grota]
holen hämta ['hämta] <hämtar,
hämtade, hämtat>

homosexuell homosexuell [hu:musekso'el]

Honig honung ['ho:nŭng]

hören höra ['hö:ra] <hör, hörde, hört>, *(zuhören)* lyssna ['lüsna] <lyssnar, lyssnade, lyssnat>

Hose byxor ['büksur] *Pl.*, kurze Hose kortbyxor [kort'büksur] *Pl.*

Hotel hotell [ho'tel] *n.*

Hüfte höft [höft]

Huhn *(Hühnerfleisch)* höns [höns], *(Henne)* höna ['hö:na]

Hund hund [hŭnd]

Hunger hunger ['hŭnger], Hunger haben vara hungrig ['wa:ra 'hŭngrig]

hungrig hungrig ['hŭngrig]

Husten hosta ['husta]

Hustensaft hostmedicin ['hustmedi'si:n]

I

ich jag [ja:(g)] →*Kurzgrammatik S. 158*

Idee idé [i'de:]

ihr *(Personalpronomen)* ni [ni:] →*Kurzgrammatik S. 158*

ihr, ihre *(Possessivpronomen: nicht reflexiv: Personen)* hennes ['henes], *(nicht reflexiv: Gegenstände, Tiere)* dess [des], *(reflexiv)* sin [si:n], *n.* sitt [sit] →*Kurzgrammatik S. 159*

Ihr, Ihre *(einer Person in der Höflichkeitsform zugeordnet)* er [e:r], *n.* ert [e:rt] →*Kurzgrammatik S. 159*

immer alltid ['alti:d], immer noch fortfarande ['fu:rtfa:rande]

Impfpass vaccinationskort [waksina'schu:nskut]

in i [i:], *(zeitlich, innerhalb eines bestimmten Zeitraums)* om [om], *(Hotel, Kino, Theater)* på [po:]

Information information [informa'schu:n]

innen inne ['ine]

innerhalb inom ['inom]

Insekt insekt ['insekt]

Insektenbiss insektsbett ['insektsbet] *n.*

Insel ö [ö:]

Insulin insulin [insü'li:n] *n.*

interessant intressant [intre'sant]

Internet internet ['internet] *n.*

J

ja ja [ja:]

Jacke jacka ['jaka], *(Strickjacke)* kofta ['kofta]

Jagd jakt [jakt]

Jahr år [o:r] *n.*

Jahreszeit årstid ['o:rsti:d]

Januar januari [janŭ'a:ri]

Jeans jeans [ji:ns]

jeder, jede, jedes *(vor dem Nomen)* varje ['warje], *(als Pronomen)* varenda (en) ['warenda (e:n)]

jemand någon ['no:gon]

jetzt nu [nü:]

Jogurt yoghurt ['jogŭrt]

jucken klia ['kli:a] <kliar, kliade, kliat>

Jugendherberge vandrarhem ['wandrarhem] *n.*

Jugendlicher, Jugendliche ungdom ['üngdum]

Juli juli ['jü:li]

jung ung [üng]

Junge pojke ['pojke], *(umgs.)* kille ['kile]

Juni juni ['ju:ni]

Juwelier, Juwelierin juvelerare ['jüwele:rare]

K

Kabel *(dicke elektrische Leitung)* kabel ['ka:bel], *(dünne elektrische Leitung)* sladd [slad]

Kaffee kaffe ['kafe]

Kakao kakao [ka:ka'u:]

kalt kall [kal]

Kamera kamera ['ka:mera]

Kamm kam [kam]

kämmen kamma ['kama] <kammar, kammade, kammat>, sich kämmen kamma sig ['kama sej]

kämpfen kämpa ['schämpa] <kämpar, kämpade, kämpat>

Kappe keps [keps]

kaputt sönder ['sönder], kaputt machen ta sönder [ta: 'sönder] <tar, tog, tagit>

Karotte morot ['mu:ru:t]

Karte *(Postkarte)* vykort ['vü:kut] *n.*, *(Landkarte)* karta ['ka:rta], *(Speisekarte)* meny [me'nü:]

Kartoffel potatis [pu'ta:tis]

Käse ost [ust]

Kasse kassa ['kasa]

Katze katt [kat]

kaufen köpa ['schö:pa] <köper, köpte, köpt>

Kaufhaus varuhus ['waruhü:s] *n.*

Kaugummi tuggumi ['tügümi] *n.*

Kehle strupe ['strü:pe]

kein, keine ingen ['ingen], *n.* inget ['inget], *(Pl.)* inga ['inga]

Keks kex [keks]

Keller källare ['schälare]

Kellner, Kellnerin ♂ servitör [serwi'tö:r], ♀ servitris [serwi'tri:s]

kennen känna ['schäna] <känner, kände, känt>

Ketchup ketchup ['ketschŭp]

Kilogramm kilogram ['schi:lugram] *n.*

Kilometer kilometer ['schi:lu'me:ter]

Kind barn [ba:rn] *n.*, Kinder barn [ba:rn] *n. Pl.*

Kinderbecken barnbassäng ['ba:rnba'säng]

kinderfreundlich barnvänlig ['ba:rnwänlig]

Kindergarten ≈ dagis ['da:gis]

Kinderkrippe ≈ dagis ['da:gis]

Kinderwagen barnvagn ['ba:rnwagn], *(für Babys)* liggvagn ['ligwagn], *(für Kleinkinder)* sittvagn ['sitwagn]

Kino bio ['bi:u]

Kiosk kiosk [schosk]

Kirche kyrka ['schü:rka]

Kissen kudde ['kŭde], *(Kopfkissen)* huvudkudde ['hüwŭdkŭde]

Kissenbezug *(für Sofakissen)* kuddfodral ['küdfodra:l] *n.*, *(für das Bett)* örngott ['ö:rngot] *n.*

Kleid klänning ['kläning]

Kleidung kläder ['klä:der] *n. Pl.*

klein liten [li:ten], *n.* litet ['li:tet], *(Pl.)* kleine små [smo:]

Kleingeld småpengar ['smo:pengar] *Pl.*

Kneipe krog [kru:g]

Knöchel ankel ['ankel]

Knochen ben [be:n]

Knopf knapp [knap]

Koch, **Köchin** ♂ kock [kok], ♀ kokerska ['ku:kerska]

kochen laga mat ['la:ga ma:t] <lagar, lagade, lagat>, *etw.* kochen koka ngt ['ku:ka] <kokar, kokade, kokat>

Koffer resväska ['re:swäska]

Kofferraum [ba'ga:sch] *n.*

kommen komma ['koma] <kommer, kom, kommit>, *(ankommen)* anlända ['anlända] <anländer, anlände, anlänt>

Kommission kommision [komi'schu:n]

Kompass kompass ['kompas]

Konditorei konditori [kondito'ri:] *n.*

Kondom kondom [kon'do:m]

Konfitüre sylt [sült]

können kunna ['küna] <kan, kunde, kunnat>, *Ich kann kommen. Jag kan komma.* [ja:(g) kan 'koma]

Konsulat konsulat [konsü'la:t] *n.*

Kontinent kontinent ['kontinent]

Konto konto ['konto] *n.*

Kontonummer kontonummer ['konto'nümer] *n.*

Kontrolle kontroll [kon'trol]

kontrollieren kontrollera [kontro'le:ra] <kontrollerar, kontrollerade, kontrollerat>

Konzert konsert [kon'sert]

Kopenhagen Köpenhamn ['schöpenhamn]

Kopf huvud ['hüwüd] *n.*

Kopfweh huvudvärk ['hüwüdwä:rk]

Korb korg [korj]

Korken kork [kork]

Korkenzieher korkskruv ['korkskrü:w]

Körper kropp [krop]

kosten kosta ['kosta] <kostar, kostade, kostat>

Kostüm *(Jackett und Rock)* dräkt [dräkt], *(Verkleidung)* kostym [kos'tüm]

Krabbe krabba ['kraba]

krank sjuk [schü:k]

Krankenhaus sjukhus ['schü:khü:s] *n.*

Krankenpfleger, **Krankenpflegerin** ♂ sjukskötare ['schü:kschö:tare]

Krankenschwester sjuksköterska ['schü:kschöterska]

Krankenwagen ambulans [ambü'lans]

Krankheit sjukdom ['schü:kdum]

Kreditkarte kreditkort ['kredi:tkut] *n.*

Kreditkartennummer kreditkortnummer ['kredi:tkut'nümer] *n.*

Krieg krig [kri:g]
kriegen få [fo:] <får, fick, fått>
Krone *(schwedische Währung, Königskrone)* krona ['kru:na]
Krücke krycka ['krüka]
Küche kök [schö:k] *n.*, die schwedische Küche det svenska köket [de:t 'svenska 'schö:ket]
Kuchen kaka ['ka:ka]
Kugelschreiber kulspetspenna ['kü:lspets'pena]
kühlen kyla ['schü:la] <kyler, kylde, kylt>
Kühlschrank kylskåp ['schü:lsko:p] *n.*
Kunst konst [konst]
Kunsthandwerk konsthantverk ['konsthantwärk] *n.*
Kunstwerk konstverk ['konstvärk] *n.*
Kupplung koppling ['kopling]
Kurs kurs [kürs]
kurz kort [kort]
Kuss kyss [schüs]
küssen kyssa ['schüsa] <kysser, kysste, kysst>
Küste kust [küst]

L

lächeln le [le:] <ler, log, lett>
lachen skratta ['skrata] <skrattar, skrattade, skrattat>
Ladegerät laddare ['ladare]
laden ladda ['lada] <laddar, laddade, laddat>
Laden affär [a'fä:r]
Laken lakan ['la:kan] *n.*
Land land [land] *n.*

Landkarte karta ['ka:rta]
lang lång [long], Wie lang wird das dauern? Hur lång tid kommer det att ta? [hü:r long ti:d 'komer de:t at ta:]
lange länge ['länge], Müssen wir lange warten? Måste vi vänta länge? ['moste wi: 'wänta 'länge]
Länge längd [längd]
Langlauf längdåkning ['längdo:kning]
langsam *(Adjektiv)* långsam ['longsam], *(Adverb)* långsamt ['longsamt]
Lastwagen lastbil ['lastbi:l]
Lauch purjolök ['pürjolö:k]
laufen *(rennen)* springa ['springa] <springer, sprang, sprungit>, *(zu Fuß unterwegs sein)* gå [go:] <går, gick, gått>
Laus lus [lus], **Läuse** löss [lös]
laut hög [hö:g], *(unangenehm)* högljudd ['hö:gjüd]
leben leva ['le:wa] <lever, levde, levt>
Leben liv [li:w] *n.*
Lebensmittel livsmedel ['liwsme:del] *n.*
Leber lever ['le:wer]
lecker läcker ['läker]
Leder läder ['lä:der] *n.*
ledig ogift ['u:jift]
leer tom [tum]
legal laglig ['la:glig]
legen lägga ['läga] <lägger, la, lagt>
Leiche lik [li:k] *n.*
leicht *(Gewicht)* lätt [lät], *(einfach)* enkel ['engkel]

leider tyvärr [tü'wär], **leider ja** ja
tyvärr [ja: tü'wär], **leider nein** nej
tyvärr [nej tü'wär]

leihen sich etw. von jdm leihen
låna ngt av ngn ['lo:na … a:w]
<lånar, lånade, lånat>, jdm etw.
leihen låna ut ngt till ngn ['lo:na
ü:t … til]

Leine (für die Wäsche) lina ['li:na],
(für den Hund) koppel ['kopel] n.

leise tyst [tüst], (Stimme) låg [lo:g]

lenken styra ['stü:ra] <styra,
styrde, styrt>

lernen lära ['lä:ra] <lär, lärde, lärt>

lesbisch lesbisk ['lesbisk]

lesen läsa ['läsa] <läser, läste, läst>

letzter, **letzte**, **letztes** sista
['sista], (neuste, modernste)
senaste ['se:naste]

Leute folk [folk] n.

Licht ljus [jü:s] n.

Liebe kärlek ['schä:rle:k]

lieben älska ['älska] <älskar,
älskade, älskat>

Lied sång [song], (moderner) låt
[lo:t]

liegen ligga ['liga] <ligger, låg,
legat>

Likör likör [li'kö:r]

lila lila ['li:la]

Limonade läsk [läsk]

links (auf der linken Seite) vänster
['wänster], **nach links** till vänster
[til 'wänster]

Linse lins [lins]

Lippe läpp [läp]

Lippenstift läppstift ['läpstift] n.

Liter liter ['li:ter]

Lkw lastbil ['lastbi:l]

Loch hål [ho:l] n.

Locke lock [lok]

Löffel sked [sche:d]

Lösung lösning ['lö:sning]

Lotion lotion [lo'schu:n]

Luft luft [lüft]

Lunge lunga ['lünga]

lustig rolig ['ru:lig]

M

machen göra ['jö:ra] <gör, gjorde,
gjort>, **Mach's gut!** Ha det bra!
[ha: det bra:]

Mädchen flicka ['flika], (umgs.)
tjej [schej]

Mädchenname flicknamn
['fliknamn] n.

Magen mage ['ma:ge]

Mai maj [maj]

man man [man]

manchmal ibland [i:'bland]

Mangel (Fehlerhaftigkeit) defekt
[de'fekt], (etwas Fehlendes) brist
[brist]

Mann man [man]

männlich mannlig ['manlig], (gram-
matikalisch) maskulin
['masküli:n]

Mantel (für Frauen) kappa ['kapa],
(für Männer) rock [rok]

Markt marknad ['marknad]

Marmelade marmelad
[marme'la:d]

März mars [mars]

Maschine maskin [ma'schi:n]

Masern mässling ['mäsling]

Maß mått [mot] n.

Massage massage [ma'sa:sch]
matt *(nicht glänzend)* matt [mat]
Matte matta ['mata]
Mauer mur [mü:r]
Maus mus [mü:s]
Mayonnaise majonnäs [majo'nä:s]
Medizin medicin [medi'si:n]
Meer hav [ha:w] *n.*
Meeresfrüchte skaldjur
  ['ska:ljü:r] *n.*
Mehl mjöl [mjö:l] *n.*
mehr mer [me:r]
mein, meine min [min], *n.* mitt
  [mit] →*Kurzgrammatik S. 159*
meinen tycka ['tüka] <tycker,
  tyckte, tyckt>, Das war nett
  gemeint/nicht böse gemeint. Det
  var snällt menat/inte elakt
  menat. [de:t wa:r snält 'me:nat/
  'inte 'e:lakt 'me:nat]
Meinung åsikt ['o:sikt]
meist för det mesta [för det
  'mesta]
Melone melon [me'lu:n]
Mensch människa ['mänischa]
Menstruation menstruation
  [menstrŭa'schu:n]
Menü meny [me'nü:]
Messe mässa ['mäsa]
Messer kniv [kni:w]
Metal metall [me'tal]
Meter meter ['me:ter]
Metzger, Metzgerin slaktare
  ['slaktare]
mich *(reflexiv)* mig [mej]
Miete hyra ['hü:ra]
mieten hyra ['hü:ra] <hyr, hyrde,
  hyrt>

Migräne migrän [mi'grä:n]
Mikrowelle mikrovågsugn
  ['mikrowo:gsungn]
Milch mjölk ['mjölk]
Milchprodukt mjölkprodukt
  ['mjölkprodŭkt]
mild mild [mild]
Militär militär [mili'tä:r]
minus minus ['minŭs]
Minute minut [mi'nü:t]
mischen blanda ['blanda]
  <blandar, blandade, blandat>
mit med [me:d]
mitbringen ta med sig [ta: me:d
  sej] <tar, tog, tagit>
mitnehmen ta med sig [ta: me:d
  sej] <tar, tog, tagit>
Mittag lunchtid ['lŭnschti:d],
  heute Mittag idag vid lunchtid
  [i'da:g wi:d 'lunschti:d]
Mittagessen lunch [lŭnsch]
mittags vid lunchtid [wi:d
  'lŭnschti:d]
Mittagsmenü dagens lunch
  ['da:gens lŭnch]
Mitte mitt [mit], Mitte Januar/des
  Monats mitt i januari/månaden
  [mit i 'janŭari/'mo:naden]
Mittwoch onsdag ['unsda:g]
Möbel möbel ['mö:bel]
Mode *(Kleidung)* mode ['mu:de]
mögen tycka om ['tüka om]
  <tycker, tyckte, tyckt>, Ich mag
  gern Weißbrot. Jag tycker om
  vitt bröd. [ja:(g) 'tüker om wit
  brö:d], Ich mag ihn gern. Jag gil-
  lar honom. [ja:(g) 'jilar 'honom]
möglich möjlig ['möjlig]

Moment ögonblick ['ö:gonblik] *n.*
Monat månad ['mo:nad]
Mond måne ['mo:ne]
Montag måndag ['monda:g]
morgen i morgon [i: 'moron], Bis morgen! Vi ses i morgon! [wi: se:s i: 'moron]
Morgen morgon ['moron], Guten Morgen! God morgon! [gu: 'moron], heute Morgen i morse [i: 'mose]
morgens på mornarna [po: 'mornarna]
Moschee moské [mos'ke:]
Moskitonetz myggnät ['mügnä:t] *n.*
Motor motor ['mu:tur]
Motorrad motorcykel ['mu:tur'sükel]
Mücke mygga ['müga]
müde sömnig ['sömnig], (erschöpft) trött [tröt]
Müll sopor ['su:pur] *Pl.*
Mülleimer (klein) sopkorg ['su:pkorj], (groß) soptunna ['su:ptüna]
Mund mun [mün]
Münze mynt [münt]
Musik musik [mü'si:k]
muslimisch muslimsk [mu'sli:msk]
müssen vara tvungen att ['wa:ra 'twüngen at] <är, var, varit>, ich muss jag måste [ja:(g) 'moste], Ich muss los! Jag måste iväg! [ja:(g) 'moste i:'wä:g], Ich muss meine Rechnung zahlen. Jag måste betala min räkning. [ja:(g) 'moste be:'ta:la mi:n 'rä:kning]

mutig modig ['mu:dig]
Mutter mor [mu:r]
Mütze mössa ['mösa]

N

nach (einer Sache folgend) efter ['efter], nach einer Stunde efter en timme ['efter e:n 'time], (zu einem bestimmten Ort) till [til], nach Stockholm/Göteborg till Stockholm/Göteborg [til 'stokholm/ 'jöteborj]
Nachmittag eftermiddag ['efter'mida:g], heute Nachmittag i eftermiddag [i: 'efter'mida:g]
nachmittags på eftermiddagarna [po: 'efter'mida:garna]
Nachname efternamn ['efternamn] *n.*
Nachricht (Mitteilung) meddelande ['me:delande], (in den Medien) Nachrichten nyheter ['nü:he:ter] *Pl.*
Nachspeise dessert [de'sä:r]
nächster, **nächste**, **nächstes** nästa ['nästa], Der Nächste, bitte! Nästa varsågod! ['nästa 'warsogu:d]
Nacht natt [nat], Gute Nacht! God natt! [gu: nat], letzte Nacht i natt [i nat]
nachts på natten [po: 'naten]
Nadel nål [no:l]
Nagel (an Fingern und Zehen) nagel ['na:gel], (Metallpin) spik [spi:k]
Nagellack nagellack ['na:gelak] *n.*

Nagelschere nagelsax
['na:gelsaks]
nah nära ['nä:ra]
nähen sy [sü:] <syr, sydde, sytt>
Nähnadel synål ['sü:no:l]
Nahverkehrszug pendeltåg
['pendelto:g] *n.*
Name namn [namn] *n.*
Nase näsa ['nä:sa]
Nationalität nationalitet
[natschunali'te:t]
Natur natur [na'tü:r]
Naturheilkunde naturmedicin
[na'tü:rmedi'si:n]
neben *(räumlich)* bredvid
[bre'wi:d]
neblig dimmig ['dimig]
Neffe syskonbarn ['süskonba:rn] *n.*
nehmen ta [ta:] <tar, tog, tagit>
nein nej [nej]
nett *(sympathisch)* trevlig
['tre:wlig], *(freundlich)* vänlig
['wänlig]
Netz nät [nä:t] *n.*
neu ny [nü:]
nicht inte ['inte], nicht mehr inte
mer ['inte me:r], überhaupt nicht
inte alls ['inte als]
Nichte syskonbarn
['süskonba:rn] *n.*
Nichtraucher, **Nichtraucherin**
icke rökare ['ike 'rö:kare]
nichts inte någonting ['inte
'no:gonting], Ich möchte nichts
essen. Jag vill inte äta någon-
ting. [ja:(g) wil 'inte 'ä:ta
'no:gonting], nichts anderes ing-
enting annat ['ingenting 'anat]

nie aldrig ['aldrig], nie wieder/
mehr aldrig igen ['aldrig 'ijen]
noch ännu ['änu:], noch einmal
igen ['ijen], noch nicht inte än
['inte än]
Norden norr [nor]
normal normal [nur'ma:l]
Norwegen Norge ['norje]
Norweger, **Norwegerin** ♂ norr-
man ['norman], ♀ norska
['norska]
norwegisch norsk [norsk]
Notfall nödfall ['nö:dfal] *n.*
nötig nödvändig ['nö:dwändig]
November november
[no'wember]
Nudeln pasta ['pasta] *Pl.*
Nummer nummer ['nümer] *n.*
nur bara ['ba:ra], nur noch bara
['ba:ra]
Nuss nöt [nö:t]

O

ob om [om]
oben uppe ['upe], ganz oben
överst ['ö:werst], nach oben upp
[üp]
Obst frukt [frükt]
oder eller ['eler]
Ofen ugn [üngn]
offen öppen ['öpen]
öffentlich offentlig ['ofentlig]
öffnen öppna ['öpna] <öppnar,
öppnade, öppnat>
oft ofta ['ofta]
ohne utan ['ü:tan]
Ohr öra ['ö:ra] *n.*
Oktober oktober [ok'tu:ber]

Öl olja ['olja]

Onkel *(Bruder der Mutter)* morbror ['murbrur], *(Bruder des Vaters)* farbror ['farbrur]

Oper opera ['u:pera]

Optiker, **Optikerin** optiker ['optiker]

Orange *(Frucht)* apelsin [apel'si:n], *(Farbe)* orange färg [o'ransch fä:rj]

Ordnung ordning ['o:rdning], in Ordnung okej [o'käj]

Ort ort [ut]

Osten öster ['öster]

Österreich Österrike ['österi:ke] *n.*

Österreicher, **Östereicherin** ♂ österrikare ['österi:kare], ♀ österrikerska ['österikerska]

österreichisch österrikisk ['österi:kisk]

Ozean ocean [use'a:n]

P

Paar par [pa:r] *n.*

Päckchen paket [pa'ke:t], ein Päckchen Zigaretten ett paket cigaretter [et pa'ke:t siga'reter] *n.*

packen *(ergreifen)* fatta tag i ['fata ta:g i:] <fattar, fattade , fattat>, *(einpacken)* packa ['paka] <packar, packade, packat>

Packung paket [pa'ke:t] *n.*

Paket paket [pa'ke:t] *n.*

Palast palats [pa'lats] *n.*

Panne motorstopp ['mu:turstop] *n.*, *(Platten)* punktering [pŭng'te:ring]

Papier papper ['paper] *n.*, *(Ausweis usw.)* Papiere pappren ['papren] *n. Pl.*

Parfum parfym [par'fü:m]

Park park [park]

parken parkera [par'ke:ra] <parkerar, parkerade, parkerat>

Parkplatz parkeringsplats [par'ke:ringsplats]

Parlament parlament [parla'ment] *n.*

Partei *(in der Politik)* parti [par'ti:] *n.*

Partner, **Partnerin** partner ['pa:rtner]

Party party ['pa:rtü] *n.*

Pass pass [pas] *n.*

Patient, **Patientin** patient [pasi'ent]

Pause paus [paus]

Pedal pedal [pe'da:l]

Penis penis ['pe:nis]

Pension *(für Gäste)* pensionat [penschu'na:t] *n.*, *(Rente)* pension [pen'schu:n]

Pfad stig [sti:g]

Pfanne stekpanna ['ste:kpana]

Pfeffer peppar ['pepar] *n.*

Pfeife *(zum Rauchen)* pipa ['pi:pa], *(zur Erzeugung schriller Laute)* visselpipa ['wisel'pi:pa]

Pferd häst [häst]

Pflanze växt ['wäkst]

Pfund halvt kilo [halft 'schi:lo] *n.*

Pille piller ['piler] *n.*

Pilz svamp [swamp]

Pizza pizza ['pitsa]

Plan *(Vorhaben)* plan [plaːn],
  (Karte) karta ['kaːrta]
Planschbecken barnbassäng
  [baːrnba'säng]
Plastik *(Kunststoff)* plast [plast],
  (Skulptur) skulptur [skŭlp'tüːr]
Platz plats [plats]
Plätzchen småkaka ['smoːkaːka],
  (einfach, dünn) kex [keks]
plus plus [plŭs]
Polizei polis ['puliːs]
Polizeiwache polisstation
  [pu'liːssta'schuːn]
Polizist, Polizistin polis [pu'liːs]
Pollen pollen ['polen] *n.*
Pommes frites pommes frites
  [pom frit]
Porto porto ['portu] *n.*
Post post [post]
Postkarte vykort ['wüːkut] *n.*
Postleitzahl postnummer
  ['postnŭmer] *n.*
Praxis praktik [prak'tiːk]
Preis pris [priːs] *n.*
preiswert prisvärd ['priːswäːrd]
probieren *(versuchen)* prova
  ['pruːwa] <provar, provade,
  provat>, *(kosten)* smaka
  ['smaːka] <smakar, smakade,
  smakat>
Problem problem [pru'bleːm] *n.*
Programm program [pru'gram] *n.*
Prospekt prospekt [pros'pekt] *n.*
prost! skål! [skoːl]
protestieren protestera
  [prutes'teːra] <protesterar,
  protesterade, protesterat>
Prozent procent [pru'sent]

prüfen kontrolera [kontro'leːra]
  <kontrolerar, kontrolerade,
  kontrolerat>
Pullover tröja ['tröja]
Pumpe pump [pŭmp]
Punkt punkt [pŭngt]
pünktlich punktlig ['pŭngtlig]
Puppe docka ['doka]
putzen städa ['stäːda] <städar,
  städade, städat>

Q

Quadratmeter kvadratmeter
  [kwa'draːt'meter]
Qualität kvalitet [kwali'teːt]
Qualle manet [ma'neːt]
Quarantäne karantän [karan'täːn]
Quittung kvitto ['kwitu] *n.*

R

Rabatt rabatt [ra'bat]
Rad *(allgemein)* hjul [jüːl] *n.*, *(Fahr-
  rad)* cykel ['sükel], Rad fahren
  cykla ['sükla]
Radfahrer, Radfahrerin cyklist
  [sü'klist]
Radio radio ['raːdio]
Radweg cykelväg ['sükelwäːg]
rasieren raka ['raːka] <rakar,
  rakade, rakat>, sich rasieren raka
  sig ['raːka sej]
Rasierer rakapparat ['raːkapa'raːt]
Rasierklinge rakblad ['raːkblaːd] *n.*
Rasierschaum raklödder
  ['raːklöder] *n.*
Ratte råtta ['rota]
rauben råna ['roːna] <rånar,
  rånade, rånat>

rauchen röka ['rö:ka] <röker, rökte, rökt>

Raucher, Raucherin *(Person)* rökare ['rö:kare]

Raucherzone rökzon ['rö:ksu:n]

Raum *(allgemein)* rum [rŭm] *n.*

realistisch realistisk [re:a'listisk]

rechnen räkna ['rä:kna] <räknar, räknade, räknat>

Rechnung räkning ['rä:kning], *(im Restaurant)* nota ['nu:ta]

rechts höger ['hö:ger], nach rechts till höger [til 'hö:ger]

recyceln återvinna ['o:terwina] <återvinner, återvann, återvunnit>

Regal hylla ['hüla]

Regen regn [rengn] *n.*

Regenmantel regnkappa ['rengnkapa]

Regenschirm paraply [para'plü:] *n.*

Regierung regering [re'je:ring]

regnen regna ['rengna] <regnar, regnade, regnat>

reich rik [ri:k]

Reifen däck [däk] *n.*

rein ren [ren]

Reinigung *(Geschäft)* kemtvätt ['sche:mtwät], *(Saubermachen, Reinigung von Kleidern)* rengöring ['re:njöring]

Reis ris [ri:s] *n.*

Reise resa ['re:sa], Gute Reise! Trevlig resa! ['tre:wlig 're:sa]

Reisebüro resebyrå ['re:sebü'ro]

Reiseführer *(Buch)* resehandbok ['re:se'handbu:k]

Reiseführer, Reiseführerin *(Person)* reseledare ['re:se'le:dare]

reisen resa ['re:sa] <reser, reste, rest>

Reisepass pass [pas] *n.*

Reisescheck resecheck ['re:seschek]

Reißverschluss blixtlås ['blikslo:s]

reiten rida ['ri:da] <rider, red, ridit>

Religion religion [reli'ju:n]

Rennbahn *(Motorsport)* racerbana ['rejser'ba:na], *(Hunde, Pferde)* kapplöpningsbana ['kaplö:pnings'ba:na]

Rentner, Rentnerin pensionär [penschu'nä:r]

Reparatur reparation [repara'schu:n]

reparieren reparera [repa're:ra] <reparerar, reparerade, reparerat>

reservieren reservera [reser'we:ra] <reserverar, reserverade, reserverat>

Reservierung reservering [reser'we:ring]

Reservierungsnummer reserveringsnummer [reser'we:rings'nümer] *n.*

Restaurant restaurang [restu'rang]

retten rädda ['räda] <räddar, räddade, räddat>

Rettungsweste flytväst ['flü:twäst]

Rezept recept [re'sept] *n.*

R-Gespräch collect call [ko'lekt ko:l]

Richter, Richterin domare ['dumare]

richtig riktig ['riktig]

Richtung riktning ['riktning]
riechen lukta ['lŭkta] <luktar,
  luktade, luktat>
Rindfleisch nötkött ['nö:tschöt] *n.*
Rock *(Kleidungsstück)* kjol [schu:l]
roh rå [ro:]
Rollstuhl rullstol ['rŭlstu:l]
Rolltreppe rulltrappa ['rŭltrapa]
romantisch romantisk [ru'mantisk]
rosa rosa ['ro:sa]
Rose ros [ru:s]
Rosé rosé [ro'se:]
Rost *(oxidiertes Metall)* rost [rost],
  (Grillrost) galler ['galer]
rot röd [rö:d]
Rotwein rödvin ['rö:dwi:n] *n.*
Route rutt [rŭt]
Rücken rygg [rüg]
Rucksack ryggsäck ['rügsäk]
Ruder *(Schiffsteuer)* roder
  ['ru:der] *n.,* *(Riemen)* åra ['o:ra]
ruhig lugn ['lŭngn]
Ruine ruin [rü'i:n]
rund rund [rŭnd]
rutschen *(ausrutschen)* halka
  ['halka] <halkar, halkade, halkat>,
  (Fahrzeug) sladda ['slada]
  <sladdar, sladdade, sladdat>,
  ((wie) auf einer Rutsche) rutscha
  ['rŭtscha] <rutschar, rutschade,
  rutschat>

S

Safe safe [säjf], *(größer)* kassa-
  skåp ['kasasko:p] *n.*
Saft juice [ju:s]
Sahne grädde ['gräde]
Salat sallad ['salad]

Salz salt [salt] *n.*
salzig salt [salt]
Samstag lördag ['lö:rda:g]
Sand sand [sand]
Sandale sandal [san'da:l]
satt mätt [mät]
Sattel sadel ['sa:del]
Satz mening ['me:ning]
sauber ren [re:n]
sauer sur [sü:r]
Sauerstoffflasche *(für Taucher)*
  dykartub ['dü:kartü:b]
Sauger *(für Babyfläschchen)* napp
  (på nappflaskan) [nap (po:
  'napflaskan)]
Sauna bastu [bastü]
Schal halsduk ['halsdü:k]
scharf *(Geschmack)* stark [sta:rk],
  (Klinge) vass [was]
Scheck check [schek]
Schein *(Banknote)* sedel ['se:del],
  (Bescheinigung) bevis [be'wi:s] *n.*
scheinen *(Sonne)* skina ['schi:na]
  <skiner, sken, skinit>, *(einen Ein-*
  druck erwecken) ge ett intryck
  [je: et 'intrük] <ger, gav, gett>
Schere sax [saks]
Schiff skepp [schep] *n.*
Schild skylt [schült], *(Wegweiser)*
  vägvisare [wä:g'wi:sare]
Schinken skinka ['schingka]
schlafen sova ['so:wa] <sover, sov,
  sovit>
Schlafzimmer sovrum
  ['sowrüm] *n.*
Schläger *(für Tennis, Federball,*
  Tischtennis) racket ['raket], *(für*

Golf) klubba ['klɯba], *(Baseball)* slagträ ['slaːgträː] *n.*

Schlange *(Tier)* orm [urm], *(wartende Menschen)* kö [köː]

schlank smal [smaːl]

Schlauch slang [slang]

schlecht *(Adjektiv)* dålig ['doːlig], *(Adverb)* dåligt ['doːligt], Mir ist schlecht. Jag mår dåligt. [jɑː(g) moːr 'doːligt]

schließen stänga ['stänga] <stänger, stängde, stängt>

Schließfach *(für Wertsachen)* värdesaksfack ['wäːrdesaːksfak] *n.*, *(für Gepäck)* förvaringsbox [förˈwaːringsboks]

Schloss *(zum Abschließen)* lås [loːs] *n.*, *(Gebäude)* slott [slot] *n.*

Schluss slut [slɯːt] *n.*, am/zum Schluss till slut [til slɯːt]

Schlüssel nyckel ['nükel]

schmal smal [smaːl]

schmecken smaka ['smaːka] <smakar, smakade, smakat>

Schmerz smärta ['smärta]

schmerzhaft smärtsam ['smärtsam]

Schmerzmittel smärtlindrande medel ['smärtlindrande 'meːdel] *n.*

Schmetterling fjäril ['fjäːril]

schmutzig smutsig ['smɯtsig]

Schnaps snaps [snaps]

Schnecke snigel ['sniːgel], *(Meeresschnecke)* snäcka ['snäka]

Schnee snö [snöː]

schneiden *(mit einer Klinge)* klippa ['klipa] <klipper, klippte, klippt>

Schneider, Schneiderin ♂ skräddare ['skrädare], ♀ sömerska ['sömerska]

schnell snabb [snab]

Schnorchel snorkel ['snorkel]

schnorcheln snorkla ['snorkla] <snorklar, snorklade, snorklat>

Schnuller napp [nap]

Schnürsenkel skosnöre ['skɯːsnöːre] *n.*

Schokolade choklad [schuˈklaːd]

schon redan ['reːdan], noch nicht ännu inte ['änɯ 'inte], *(Zeitspanne)* sedan ['seːdan], schon zehn Jahre lang sedan tio år tillbaka ['seːdan 'tiːu oːr tilˈbaːka]

schön vacker ['vaker], *(gut gekleidet, nett)* fin [fiːn], *(angenehm)* angenäm ['anjenäːm]

Schönheitssalon skönhetssalong ['schöːnheːtsaˈlong]

Schrank skåp [skoːp] *n.*, *(für Kleider)* garderob [garˈdroːb]

schreiben skriva ['skriːwa] <skriver, skrev, skrivit>

schreien skrika ['skriːka] <skriker, skrek, skrikit>

schriftlich skriftlig ['skriftlig]

schüchtern blyg [blüːg]

Schuh sko [skɯː]

Schuhgeschäft skoaffär [skɯːaˈfäːr]

schuldig skyldig ['schüldig]

Schule skola ['skɯːla]

Schulter skuldra ['sküldra]

Schuppe *(vom Fisch)* fjäll [fjäl] *n.*

Schuppen *(im Haar)* mjäll [mjäl] *n. Pl.*

Schüssel *(flach)* fat [fa:t] n., *(tief)* skål [sko:l]

schützen skydda ['schüda] < skyddar, skyddade, skyddat>

schwach svag [swa:g]

Schwager, Schwägerin ♂ svåger ['swo:ger], ♀ svägerska ['swä:gerska]

schwanger gravid [gra'wi:d]

Schwangerschaftstest graviditetstest [grawidi'te:ts'test] n.

schwarz svart [swart]

Schwarzbrot grovt rågbröd [gru:ft 'ro:gbrö:d] n.

Schwede, Schwedin ♂ svensk [swensk], ♀ svenska ['swenska]

Schweden Sverige ['swerje] n.

schwedisch svenska ['swenska]

Schwein gris [gri:s]

Schweinefleisch griskött ['gri:s|schöt] n.

Schweiz Schweiz [schweits]

Schweizer, Schweizerin ♂ schweizare ['schweitsare], ♀ schweiziska ['schweitsiska]

Schweizer schweizisk ['schweitsisk]

Schweizerdeutsch schweizertyska ['schweitsertüska]

schwer svår [swo:r], *(von großem Gewicht)* tung [tüng]

schwerhörig hörselskadad ['hörsel'ska:dad]

Schwester *(Geschwisterteil)* syster ['süster], *(Krankenschwester)* sjuksköterska ['schü:kschö:terska]

Schwiegermutter svärmor ['swä:rmur]

Schwiegertochter svärdotter ['swä:rdoter]

Schwiegersohn svärson ['swä:rso:n]

Schwiegervater svärfar ['swä:rfa:r]

Schwimmbad *(in der Halle)* simhall ['simhal], *(draußen)* utebad ['ü:teba:d]

schwimmen simma ['sima] <simmar, simmade, simmat>

schwitzen svettas ['swetas] <svettas, svettades, svettats>

schwul bög [bö:g]

See *(Meer)* hav [ha:w] n., *(Binnengewässer)* sjö [schö:]

seekrank sjösjuk ['schö:schü:k]

segeln segla ['se:gla] <seglar, seglade, seglat>

sehen se [se:] <ser, såg, sett>

sehr mycket ['müke]

Sehtest syntest ['sü:ntest]

Seide siden ['si:den]

Seife tvål [two:l]

Seil rep [re:p] n., *(im Zirkus)* lina ['li:na]

Seilbahn kabinbana ['kabi:n'ba:na]

sein *(Verb)* vara ['wa:ra] <är, var, varit>

sein, seine *(Possessivpronomen: nicht reflexiv: Personen)* hans [hans], *(nicht reflexiv, Gegenstände und Tiere)* dess [des], *(reflexiv)* sin [si:n], n. sitt [sit] →*Kurzgrammatik S. 160*

seit *(Zeitpunkt)* sedan ['se:dan],
  seit 2010 sedan ['se:dan], seit
  drei Tagen sedan tre dagar
  ['se:dan tre: 'da:gar]
Seite sida ['si:da]
Sekt mousserande vin
  [mu'se:rande 'wi:n]
Sekunde sekund [se'künd]
Selbstbedienung självbetjäning
  ['schälwbe'schä:ning]
Selbstversorgung självförsörjning
  ['schälwför'sö:rjning]
selten *(Adjektiv)* sällsynt
  ['sälsü:nt], *(Adverb)* sällan
  ['sälan]
Semmel fralla ['frala]
senden *(verschicken)* skicka
  ['schika] <skickar, skickade,
  skickat>, *(Rundfunk und Fernse-*
  hen) sända ['sända] <sänder,
  sände, sänt>
Senf senap ['se:nap]
September september
  [sep'tember]
Serviette servett [ser'wet]
Sessel fåtölj [fo'tölj]
Sex sex [seks]
Shampoo schampo ['schampu] *n.*
Show show [scho]
sich sig [sej]
sicher säker ['sä:ker]
Sicherheitsgurt säkerhetsbälte
  ['sä:kerhe:ts'bälte] *n.*
sie *(Singular)* hon [hun], *(Plural)*
  de [dom] →*Kurzgrammatik S. 158*
Sie ni [ni] →*Kurzgrammatik S. 158*
Silber silver ['silwer] *n.*

Silvester nyårsafton
  ['nüo:rs'afton]
singen sjunga ['schunga] <sjunger,
  sjöng, sjungit>
Sitz säte ['sä:te] *n.*
sitzen sitta ['sita] <sitter, satt,
  suttit>
Skateboard skateboard
  ['skejtbo:rd]
Ski skida ['schi:da]
Skilift skidlift ['schi:dlift]
Skipass liftkort ['liftkut] *n.*
Skischuh skidpjäxa ['schi:dpjäksa]
Skistock stav [sta:w]
Skulptur skulptur [skŭlp'tü:r]
Slipeinlage trosskydd
  ['tru:s|schüd] *n.*
Snowboard snowboard
  ['snoubo:rd]
so så [so:], so schön/teuer så
  fin/dyr [so: fi:n/dü:r]
Socke socka ['soka]
Sofa soffa ['sofa]
sofort genast ['je:nast]
Sohn son [so:n]
Sojabohne sojaböna ['soja'bö:na]
Sojamilch sojamjölk ['sojamjölk]
Soldat, Soldatin soldat [sol'da:t]
sollen *(Verpflichtung)* Du sollst ...
  Du ska ... [dü: ska:], *(Vermutung)*
  Es soll heute warm werden. Det
  ska bli varmt idag. [de:t ska: bli:
  warmt i'da:g], *(in Fragen)* Soll ich
  Ihnen helfen? Ska jag hjälpa
  dig? [ska: ja:(g) 'jälpa dej] <ska,
  skulle, skolat>
Sommer sommar ['somar]
Sonne sol [su:l]

Sonnenbrand solbränna ['suːlbräna], einen Sonnenbrand haben ha bränt sig i solen [ha brent seij i 'suːlen]

Sonnenstich solsting ['suːlsting] *n.*

Sonnenuntergang solnedgång ['suːlneːdgong]

sonnig solig ['suːlig]

Sonntag söndag ['söndag]

sorgen *(sich Sorgen machen)* sich (um etw./jdn) sorgen oroa sig (över ngt/ngn) ['uːruːa sej ('öːwer ...)] <oroar, oroade, oroat>, *(kümmern)* für jdn sorgen ta hand om ngn [taː hand om] <tar, tog, tagit>, *(besorgen)* für etw. sorgen fixa ngt ['fiksa] <fixar, fixade, fixat>

Soße sås [soːs]

Souvenir souvenir [suweˈniːr]

sowohl ... als auch ... både ... och ... [boːde ... ok]

sparen spara ['spaːra] <sparar, sparade, sparat>

Spaß *(Scherz)* skämt [schämt] *n.*, Das macht Spaß. Det är roligt. [deːt äːr 'ruːligt], Viel Spaß! Ha det så roligt! [ha: deːt soː 'ruːligt]

spät sent [seːnt]

später senare ['seːnare]

Spaziergang promenad [prumeˈnaːd]

Speck *(vom Schwein)* fläsk [fläsk] *n.*

Speisekarte meny [meˈnüː]

Speisewagen restaurangvagn [restuˈrangwangn]

Spezialist, Spezialistin specialist [spesjaˈlist]

Spezialität specialität [spesjaliˈtäːt]

Spiegel spegel ['speːgel]

Spiegelei vändstekt ägg ['wändsteːkt ägg] *n.*

spielen *(Sport, Spiel oder Instrument)* spela ['speːla] <spelar, spelade, spelat>, *(Kinder)* leka ['leːka] <leker, lekte, lekt>

Spielkasino kasino [kaˈsino] *n.*

Spielregeln spelregler ['speːlreːgler] *Pl.*

Spinat spenat [speˈnaːt]

Spinne spindel ['spindel]

Spirituosen sprit [spriːt]

Spitzname smeknamn ['smeːknamn] *n.*, *(abwertend)* öknamn ['öːknamn] *n.*

Sport sport [sport], *(Sportart)* sportgren ['sportgreːn]

Sportgeschäft sportaffär ['sportaˈfäːr]

Sportler, Sportlerin ♂ idrottsman ['iːdrotsman], ♀ idrottskvinna ['iːdrotskwina]

Sprache språk [sproːk] *n.*

sprechen prata ['praːta] <pratar, pratade, pratat>, *(förmlicher)* tala ['taːla] <talar, talade, talat>

Sprechstunde mottagning ['muːtaːgning]

springen hoppa ['hopa] <hoppar, hoppade, hoppat>

Spritze spruta ['sprüːta]

Spur *(einer Straße)* körfält
['schö:rfält], **die Spur wechseln**
byta fil ['bü:ta fi:l]
Staatsangehörigkeit medborgar-
skap ['med:borjarska:p] *n.*
Stadion stadion ['sta:dion]
Stadt stad [sta:d]
Stadtmauer stadsmur ['statsmü:r]
Stadtrundfahrt stadsrundtur
['statsrundtü:r]
Stadtzentrum centrum
['sentrum] *n.*
stark stark [stark]
Starthilfekabel startkabel
['sta:rtka:bel]
Statue staty [sta'tü:]
stechen sticka ['stika] <sticker,
stack, stuckit>
Stecknadel knappnål ['knapno:l]
stehlen stjäla ['schä:la] <stjäler,
stal, stulit>
Steigbügel stigbygel ['sti:gbü:gel]
steigen *(in die Luft, Höhe (auch*
fig.)) stiga ['sti:ga] <stiger, steg,
stigit>, **auf einen Berg steigen** gå
upp på ett berg [go: üp po: et
berj]
steil brant [brant]
Steilküste brant kust [brant küst]
Stein sten [ste:n]
Stelle plats [plats], *(Arbeitsplatz)*
arbetsplats ['arbe:tsplats]
stellen ställa ['stäla] <ställer,
ställde, ställt>
sterben dö [dö:] <dör, dog, dött>
Stiefel stövel ['stöwel]
Stimme röst [röst]

Stock *(zum Stützen oder Schla-*
gen) stock [stock], *(Etage)*
våning ['wo:ning], **im ersten**
Stock på första våningen [po:
'fö:rsta 'wo:ningen]
Stockwerk våning ['wo:ning]
stornieren annulera [anü'le:ra]
<annulera, annulerade, annulerat>,
(eine Reise, Reservierung)
avboka ['a:wbu:ka] <avbokar,
avbokade, avbokat>
Stornierungsgebühr annulerings-
avgift [anü'le:rings'awjift], *(für*
eine abgesagte Reise, Reservie-
rung) avbokningsavgift
[a:wbukings'awjift]
Strand strand [strand]
Straße gata ['ga:ta], *(außerhalb*
der Stadt) landsväg ['landswä:g]
Straßenbahn spårvagn
['spo:rwangn]
Streifen rand [rand]
Strom stöm [ström]
Strömung ström [ström]
Strumpf strumpa ['strümpa]
Stück stycke ['stüke] *n.*, *(Kuchen,*
Käse etc.) bit [bit], *(Scheibe)*
skiva ['schi:wa]
Student, **Studentin** student
[stü'dent]
Stuhl stol [stu:l]
Stunde timma ['tima], **eine viertel**
Stunde en kvart [en kwart]
Sturm storm [storm]
suchen leta ['le:ta] <letar, letade,
letat>, **nach etw. suchen** leta
efter ngt ['le:ta 'efter]
Süden söder ['sö:der]

Supermarkt stormarknad
['stuːrmarknad]
Suppe soppa ['sopa]
Suppenkelle soppslev ['sopslæːw]
Suppenlöffel soppsked
['sopscheːd]
süß söt [söːt]
Süßstoff sötningsmedel
['söːtningsˈmeːdel] n.

T

Tabak tobak ['tuːbak]
Tag dag [daːg], Guten Tag! God
dag! [guˈ daːg]
Tagebuch dagbok ['daːgbuːk]
Tagessuppe dagens soppa
['daːgens 'sopa]
täglich dagligen ['daːgligen]
tagsüber under dagen ['ünder
'dagen]
Tal dal [daːl]
Tampon tampong [tam'pong]
Tanga tanga ['tangǀga]
Tank tank [tank]
tanken tanka ['tangka] <tankar,
tankade, tankat>
Tankstelle bensinstation
[ben'siːnstaˈschuːn], (umgs.)
mack [mak]
Tante (Schwester des Vaters) fas-
ter ['faster], (Schwester der Mut-
ter) moster ['muster]
Tanz dans [dans]
tanzen dansa ['dansa] <dansar,
dansade, dansat>
Tasche väska ['wäska], (an einem
Kleidungsstück) ficka ['fika]

Taschenmesser fickkniv
['fikǀkniːw]
Taschenrechner miniräknare
['miːniːˈräːknare]
Taschentuch näsduk ['näːsdüːk]
Tasse kopp [kop], (große Henkel-
tasse) mugg [müg]
Tastatur tangentbord
[tan'jentbuːd] n.
taub döv [döːw]
tauchen dyka ['düːka] <dyker, dök,
dykt>
Taucherausrüstung dykarutrust-
ning ['düːkarǀüːtrüstning]
Taucherbrille dykarglasögon
['düːkarǀglaːsˈöːgon] Pl.
Taxi taxi ['taksi]
Taxifahrer, **Taxifahrerin** taxi-
chaufför ['taksischaˈföːr]
Technik teknik [tek'niːk]
Tee te [teː]
Teelöffel tesked [teːˈscheːd]
Teig deg [deːg], (für Rührkuchen)
smet [smeːt]
Teil del [deːl]
teilen dela ['deːla] <delar, delade,
delat>
Teilzeit deltid ['deːltiːd]
Telefon telefon [teleˈfoːn]
Telefonbuch telefonbok
[teleˈfoːnbuːk]
telefonieren telefonera
[telefoˈneːra] <telefonerar,
telefonerade, telefonerat>, Ich
muss dringend telefonieren. Jag
måste snabbt ringa ett samtal.
[jaː(g) 'moste snabt 'ringa et
samtaːl]

Telefonkarte telefonkort
[tele'fo:nkut] *n.*
Telefonnummer telefonnummer
[tele'fo:n'nümer] *n.*
Telefonzelle telefonkiosk
[tele'fo:nschosk]
Teller tallrik ['talrik]
Tennisplatz tennisbana
['tenis'ba:na]
Teppich matta ['mata]
Termin tid [ti:d]
Tetanus stelkramp ['ste:lkramp]
teuer dyr [dü:r]
Theater teater [te'a:ter]
Theaterstück teaterstycke
[te'a:ter'stüke] *n.*
Ticket biljett [bil'jet]
Tier djur [jü:r] *n.*
Tisch bord [bu:d] *n.*
Tischtennis bordtennis
['bu:dtenis]
Titel *(eines Buchs)* titel ['titel]
Tochter dotter ['doter]
Tofu tofu ['to:fü]
Toilette toalett [tua'let]
Toilettenpapier toalettpapper
[tua'let'paper] *n.*
Tollwut rabies ['ra:bies]
Tomate tomat [tu'ma:t]
Topf *(Keramikbehälter)* kruka
['krü:ka], *(Kochtopf)* gryta
['grü:ta]
Töpferwaren keramikvaror
[schera'mi:k'wa:rur] *Pl.*
Tor *(beim Fußball)* mål [mo:l] *n.*,
(Einfahrt, Eingang) port [put]
Torte tårta ['to:rta]
tot död [dö:d]

Touristeninformation turistinfor-
mation [tü'ristinforma'schu:n]
tragen bära ['bä:ra] <bär, bar,
burit>
Transport transport [trans'port]
Traube druva ['drü:wa]
treffen *(eine Person)* träffa ['träfa]
<träffar, träffade, träffat>, Wir tref-
fen uns am Flughafen. Vi träffas
vid flygplatsen. [wi: 'träfas wi:d
'flü:gplatsen]
Treppe trappa ['trapa]
trinken dricka ['drika] <dricker,
drack, druckit>
Trinkgeld dricks [driks] *Pl.*
Trinkwasser dricksvatten
['drikswaten] *n.*
trocknen torka ['torka] <torkar,
torkade, torkat>
Tuch duk [dü:k], *(Halstuch)* hals-
duk ['halsdü:k], *(Lappen)* trasa
['tra:sa]
tun göra ['jö:ra] <gör, gjorde,
gjort>, Ich tue das gern. Det gör
jag gärna. [de:t jö:r ja:(g) 'jä:rna]
Tür dörr [dör]
Turm torn [tu:rn] *n.*
Tüte kasse ['kase], *(auch klein,
aus Papier und ohne Henkel)*
påse ['po:se]

U

U-Bahn tunnelbana ['tünel'ba:na]
Übelkeit illamående
['ilamo:ende] *n.*
über över ['ö:wer], Temperaturen
über 30° temperaturer över 30°
[tempera'tü:rer 'ö:wer 'treti:u

'gra:der], im Zimmer über uns i rummet ovanför oss [i: rümet 'o:wanför os], *(sich beziehend auf)* om [om], ein Buch über ... en bok om ... [e:n bu:k om]

Überdosis överdos ['ö:werdu:s]

überfallen överfalla ['öwer'fala] <överfaller, överföll, överfallit>

übermorgen övermorgon ['ö:wer'moron]

Übernachtungsmöglichkeit övernattningsmöjlighet ['ö:wernatningsmöjlig'he:t]

überraschen överraska ['ö:wer'raska] <överraskar, överraskade, överraskat>

übersetzen öwesätta ['ö:wer'säta] <översätter, översatt, översatte>

Übersetzer, Übersetzerin översättare ['öwer'sätare]

überweisen överföra ['ö:wer'fö:ra] <överför, överförde, överfört>

Überweisung överföring ['ö:wer'fö:ring]

Uhr klocka ['kloka], *(Armbanduhr)* armbandsur ['armbandsü:r], zehn Uhr klockan tio ['klokan 'ti:u]

Uhrzeit tid [ti:d]

um *(Absicht)* för [fö:r], Ich arbeite um zu leben. Jag arbetar för att överleva. [ja:(g) 'arbe:tar fö:r at ö:wer'le:wa], *(räumlich)* runt [rünt], Wir fahren um die Stadt herum. Vi åker utanför staden. [wi 'o:ker 'ü:tanfö:r 'sta:den], *(zeitlich, Uhrzeit)* um drei Uhr klockan tre ['klokan tre:], um diese Zeit vid den här tiden [wi:d den hä:r

'ti:den], *(Bitte)* Darf ich um eine Tasse Tee bitten? Kan jag be att få en kopp te? [kan ja:(g) be: at fo: en kop te:]

umsteigen byta ['bü:ta] <byter, bytte, bytt>, in etw. umsteigen byta till ['bü:ta till]

umtauschen byta ['bü:ta] <byter, bytte, bytt>

umziehen flytta ['flüta] <flyttar, flyttade, flyttat>

und och [ok]

Unfall olycka ['u:lüka]

ungefähr ungefär [unje'fä:r]

uns oss [os]

unser, unsere vår [wo:r], *n.* vårt [wo:rt] →*Kurzgrammatik S. 159*

unten nere ['nere], ganz unten underst ['ünderst], nach unten nedåt ['ne:do:t]

unter *(räumlich)* under ['ünder]

Unterbringung uppehälle ['üpe'häle] *n.*

Untergeschoss källarvåning ['schäla:r'wo:ning]

Unterhemd linne ['line] *n.*

Unterhose underbyxor ['ünderbyksur] *Pl.*, *(für Männer)* kalsonger ['kalsonger] *Pl.*, *(für Frauen)* trosor ['tru:sur] *Pl.*

Unterricht undervisning ['ünderwi:sning]

unterrichten undervisa ['ünderwi:sa] <undervisar, undervisade, undervisat>

unterschreiben skriva under ['skri:wa 'ünder] <skriver, skrev, skrivit>

Unterschrift underskrift
['ŭnderskrift]
Untertasse tefat ['te:fa:t] *n.*
Urlaub semester [se'mester]
USB-Kabel USB-kabel [ü:|es|'be:
'ka:bel]

V

Vagina vagina [wa'gi:na]
Vater far [fa:r]
Vegetarier, **Vegetarierin** vegeta-
rian [wegi'taria:n]
vegetarisch vegitarisk
[wegi'ta:risk]
verbinden koppla ['kopla]
<kopplar, kopplade, kopplat>
verboten förbjuden [fö:r'bjü:den]
verdienen tjäna ['schä:na] <tjänar,
tjänade, tjänat>
vergessen glömma ['glöma]
<glömmer, glömde, glömt>
vergewaltigen våldta ['woldta:]
<våldtar, våldtog, våldtagit>
verheiratet gift [jift]
Verkehr trafik [tra'fi:k]
Verkehrsmittel kommunikations-
medel ['komünikaschu:ns-
'me:del] *n.*, öffentliche Verkehrs-
mittel kollektivtrafik
[kolek'ti:wtra'fi:k]
Verletzung skada ['ska:da]
verlieren förlora [fö:r'lu:ra]
<förlorar, förlorade, förlorat>
Verlobter, **Verlobte** ♂ fästman
['fästman], ♀ fästmö ['fästmö:]
Vermieter, **Vermieterin** hyres-
värd ['hü:reswä:rd]
verrückt galen ['ga:len]

Versichertenkarte sjukförsäk-
ringskort ['schü:kför'sä:krings-
kut] *n.*
Versicherung försäkring
[för'sä:kring]
verspätet försenad [för'se:nad]
verstehen förstå ['försto:] <förstår,
förstod, förstått>
verstopft Die Toilette/Der Abfluss
ist verstopft. Det är stopp i toa-
letten/i avloppet. [de:t ä:r stop i:
tua'leten/i: 'a:wlopet]
Verstopfung *(gestörte Verdauung)*
förstoppning [för'stopning]
versuchen försöka [för'sö:ka]
<försöker , försökte, försökt>
Vertrag kontrakt [kon'trakt] *n.*
verwitwet *(Frau)* änka ['ängka],
(Mann) änkling ['ängkling]
viel mycket ['müke], zu viel för
mycket [för 'müke]
viele många ['monga]
vielleicht kanske ['kanshe]
viertel viertel vor/nach eins kvart
i/över ett [kwart i:/'ö:wer et]
Viertel *(vierter Teil von etw.)* fjär-
dedel ['fjä:rde:del], *(Uhrzeit)*
kvart [kwart], *(Stadtviertel)* kvar-
ter [kwa'te:r] *n.*
Vierteljahr kvatal [kwa'ta:l] *n.*
Visum visum ['wi:süm] *n.*
voll full [fül]
voller full [fül]
Vollpension helpension
[he:lpen'schu:n]
Vollwertkost fullvärdig kost
['fül'wä:rdig kost]
Vollzeit heltid ['he:lti:d]

von från [froːn], von Süden från söder [froːn 'söːder], eine Nachricht von meinem Reiseleiter ett meddelande från min reseledare [et 'meːdeːlande froːn min 'reːseˈleːdare]

vor *(räumlich)* framför ['framföːr], *(zeitlich)* för [föːr], vor zehn Minuten för tio minuter sedan [föːr 'tiːu miˈnüːter 'seːdan], *(in einer Reihenfolge)* före ['föːre]

vorgestern i förrgår [iː 'förgoːr]

Vormittag förmiddag ['förːmidaːg]

vormittags på förmiddagen [poː 'förːmidaːn]

vorne framme ['frame], ganz vorne längst fram ['längst fram], *(auf der Vorderseite)* på framsidan [poː fram'sidan], von vorne framifrån ['framifroːn]

Vorname förnamn ['föːrnamn] *n.*

Vorort förort ['föːrut]

Vorsicht försiktighet [för'siktighetː], Vorsicht! Se upp! [seː üpː]

vorsichtig försiktig [förːˈsiktig]

Vorspeise förrätt ['föːrrät]

vorziehen föredra ['föːredraː] <föredrar, föredrog, föredragit>

W

wachsen växa ['wäksa] <växer, växte, växt>

wählen välja ['wälja] <väljer, valde, valt>

wahr sann [san], Nicht wahr? Inte sant? ['inte sant]

Währung valuta [waˈlüːta]

Wald skog [skuːg]

Wand vägg [wäg]

wandern vandra ['wandra] <vandrar, vandrade, vandrat>

wann när [näːr]

warm varm [warm]

warnen varna ['waːrna] <varnar, varnade, varnat>

warten vänta ['wänta] <väntar, väntade, väntat>

Wartezimmer väntrum ['wäntrüm] *n.*

warum varför ['warför]

was vad [waːd]

Wäscherei tvätteri [twäteˈriː] *n.*

Waschmaschine tvättmaskin [twätmaˈschiːn]

Wasser vatten ['waten] *n.*

wasserdicht vattentät [watenˈtäːt]

Wasserfall vattenfall [watenˈfal] *n.*

Wasserhahn vattenkran [watenˈkraːn]

Wechselgeld växelpengar ['wekselˈpengar] *Pl.*

Wechselkurs växelkurs ['wäkselkürs]

wechseln byta ['büːta] <byter, bytte, bytt>, *(Geld, Währung)* växla ['wäksla] <växlar, växlade, växlat>

Wecker väckarklocka ['wäkarˈkloka]

weg borta ['borta]

Weg väg [wäːg]

wehtun göra ont ['jöːra unt] <gör, gjorde, gjort>

weiblich kvinnlig ['kwinlig], *(grammatikalisch)* feminin [feˈmiˈniːn]

Weihnachten jul ['jü:l], Frohe Weihnachten! God jul! [gu:d jü:l]

Wein vin [wi:n] *n.*

Weinstock vinstock ['wi:nstok]

weiß vit [wi:t]

Weißwein vitvin ['wi:twi:n] *n.*

wenig, **wenige** *(vor unzählbarem Nomen)* lite ['li:te], *(vor zählbarem Nomen)* få [fo:]

weniger *(vor unzählbarem Nomen)* mindre ['mindre], *(vor zählbarem Nomen)* färre ['färe]

wer vem [wem]

Werkstatt verkstad ['werkstad]

Wertsachen värdesaker ['wä:rde'saker] *Pl.*

wertvoll värdefull ['wä:rdeful]

wessen vems [wems]

Westen väster ['wäster]

Wickelraum skötrum ['schö:trüm] *n.*

Wiedersehen återseende ['o:terse|ende] *n., (förmlicher)* Auf Wiedersehen! Adjö! [a'jö:], *(umgs.)* Wiedersehen! Hej då! [häi do:]

Wiese äng [äng]

Wind vind [wind]

Windel blöja ['blöja]

windig blåsig ['blo:sig]

Windschutzscheibe vindruta ['windrü:ta]

Winter vinter ['winter]

wir vi [wi:] →*Kurzgrammatik S. 158*

wissen veta ['we:ta] <vet, visste, vetat>, Ich weiß es nicht. Jag vet inte. [ja:(g) ve:t 'inte]

wo var [wa:r]

Woche vecka ['weka]

Wochenende helg [helj]

wohnen bo [bu:] <bor, bodde, bott>

Wohnung lägenhet ['lä:genhe:t]

Wohnmobil husbil ['hü:sbi:l]

Wohnwagen husvagn ['hü:swagn]

Wohnzimmer vardagsrum [warda:gs'rŭm]

wollen vilja ['wilja] <vill, ville, velat>, Ich will es nicht. Det vill jag inte. [de:t wil ja:(g) 'inte]

Wort ord [u:d] *n.*

Wörterbuch ordbok [u:d'bu:k]

wunderbar underbar [ŭnder'ba:r]

Wurst korv [korw]

Wüste öken ['ö:ken]

Z

Zahl tal [ta:l] *n.*

zahlen betala [be'ta:la] <betalar, betalade, betalat>

Zahlung betalning [be'ta:lning]

Zahlungsweise betalningssätt [be'ta:lningssät]

Zahn tand [tand]

Zahnbürste tandborste ['tandborste]

Zahnpasta tandkräm ['tandkrä:m]

Zahnstocher tandpetare ['tandpe:tare]

Zange tång [tong]

Zeh tå [to:]

Zeit tid [ti:d], in letzter Zeit på sista tiden [po: 'sista 'ti:den]

Zeitschrift tidskrift ['ti:dskrift]

Zeitung tidning ['ti:ning]

Zelt tält [tält] *n.*
zelten tälta ['tälta] <tältar, tältade, tältat>
Zeltplatz tältplats ['tältplats]
Zentimeter centimeter ['senti'me:ter]
zentral central [sen'tra:l]
Zentrum centrum ['sentrŭm] *n.*
Ziege get [je:t]
Zigarette cigarett [siga'ret]
Zigarre cigarr [si'gar]
Zimmer rum [rŭm] *n.*
Zimmernummer rumsnummer ['rŭmsnŭmer] *n.*
Zitrone citron [si'tru:n]
Zoll tull [tŭl]
zu *(Präposition: vor Infinitiven)* att [at], *(zu einem Ziel)* till [til], Ich gehe zum Bäcker/zur Bäckerei. Jag går till bageriet. [ja:(g) go:r til ba:ge'riet], *(vor einem Adjektiv)* alltför ['altfö:r], *(adjektivisch: geschlossen)* stängd [stängd]

Zucker socker ['soker] *n.*
zuckerfrei sockerfri ['sokerfri:]
zufrieden nöjd [nöjd]
Zug tåg [to:g] *n.*
Zügel tygel ['tü:gel]
Zündkerze tändstift ['tändstift] *n.*
zurück tillbaka [til'ba:ka], *(rückwärts)* bakåt ['ba:ko:t]
zurückgeben ge tillbaka [je: til'ba:ka] <ger, gav, gett>
zurückkehren återvända ['o:ter'vända] <återvänder, återvände, återvänt>
zusammen tillsammans [til'samans], *(nicht allein, sondern gemeinsam)* gemensamt [je'mensamt]
zustimmen *(einverstanden sein)* instämma [in'stäma] <instämmer, instämde, instämt>
Zwiebel lök [lö:k]
zwischen mellan ['melan]

Schwedisch-Deutsch

A

absolut [absu'lü:t] absolut

adapter [a'dapter] Adapter

addera [a'de:ra] <adderar, adderade , adderat> addieren

adjö [a'jö:] auf Wiedersehen

adress [a'dres] Adresse

affär [a'fä:r] Laden, Geschäft, Angelegenheit

aids [äids] Aids

aldrig ['aldrig] nie

alkohol [alku'ho:l] Alkohol

alkoholfri [alku'ho:lfri:] alkoholfrei

alkoholhaltig [alku'ho:lhaltig] alkoholisch, mit Alkohol

alla ['ala] alle

allergi [aller'gi:] Allergie

allihop(a) ['alihup(a)] alle zusammen

allmänläkare ['almänlä:kare] Allgemeinmediziner, Allgemeinmedizinerin

alltför ['altfö:r] zu

alltid ['alti:d] immer

alltså ['altso] also

ambulans [ambü'lans] Krankenwagen

Pl. **andra** ['andra] andere

angenäm ['anjenä:m] angenehm, schön

ankel ['ankel] Knöchel

ankomst ['ankomst] Ankunft

anlända ['anlända] <anländer, anlände, anlänt> kommen, ankommen

anmäla ['anmä:la] <anmäler, anmälde, anmält> anmelden

anmälan [an'mä:lan] Anzeige, Meldung; Anmeldung

annan ['anan], *n.* **annat** ['anat] anderer, andere, anderes

annons ['anons] Anzeige, Annonce

annorlunda [anor'lünda] anders

annulera [anü'le:ra] <annulera, annulerade, annulerat> stornieren, annulieren, abbestellen

annuleringsavgift [anü'le:rings'awjift] Stornierungsgebühr

ansikte ['ansikte] *n.* Gesicht

anslutningsflyg ['anslü:tnings'flü:g] *n.* Anschlussflug

ansökning ['ansö:kning] Antrag, Bewerbung

antagligen ['anta:gligen] vermutlich, wahrscheinlich

anteckna [an'tekna] <antecknar, antecknade, antecknat> notieren

antibiotika [antibi:'o:tika] Antibiotika

använda ['anwända] <använder, använde, använt> benutzen, verwenden; anwenden

apelsin [apel'si:n] Orange, Apfelsine

apotek [apoˈteːk] *n.* Apotheke
april [aˈpril] April
arbeta [ˈarbeta] <arbetar, arbetade, arbetat> arbeiten
arbete [ˈarbeːte] *n.* Arbeit, Job
arbetsplats [ˈarbeːtsplats] Stelle, Arbeitsplatz
arbetstillstånd [ˈarbeːtsˈtilstond] *n.* Arbeitserlaubnis
arm [arm] Arm
armbandsur [ˈarmbandsüːr] *n.* Armbanduhr
arrangera [aranˈscheːra] <arrangerar, arrangerade, arrangerat> arrangieren; veranstalten, organisieren
askfat [ˈaskfaːt] *n.* Aschenbecher
att [at] zu, dass
augusti [ˈacugüsti] August
automat [autoˈmaːt] Automat
automatisk [autoˈmaːtisk] automatisch
av [aːw] aus; von; vor, durch; an
avboka [ˈaːwbuːka] <avbokar, avbokade, avbokat> stornieren, abbstellen
avgift [ˈaːwjift] Gebühr
avgång [ˈawgong] Abgang; Abfahrt, Abflug
avsändare [ˈaːwsändare] Absender, Absenderin

B

bad [baːd] *n.* Bad
bada [ˈbaːda] <badar, badade, badat> baden
badkar [ˈbaːdkaːr] *n.* Badewanne

badrum [ˈbaːdrüm] *n.* Bad, Badezimmer
bagage [baˈgaːsch] *n.* Gepäck, Kofferraum
bagare [ˈbaːgare] Bäcker, Bäckerin
bageri [baːgeˈriː] *n.* Bäckerei
bak [baːk] Hintern, Gesäß
bak [baːk] hinten
bakom [ˈbaːkom] hinter
baklänges [ˈbaːklänges] rückwärts, rücklings
baksida [ˈbaːksida] Rückseite, Kehrseite
bakåt [ˈbaːkoːt] nach hinten, rückwärts
balkong [balˈkong] Balkon
banan [baˈnaːn] Banane
bank [bank] Bank
bankkort [ˈbankut] *n.* Bankkarte
bankomat [bankoˈmaːt] Geldautomat
bar [baːr] Bar
bar [baːr] nackt, bloß
bara [ˈbaːra] nur
barm [barm] Busen, Brust
barn [baːrn] *n.* Kind
barnmeny [ˈbaːrnmeˈnüː] Speisekarte für Kinder
barnbassäng [ˈbaːrnbaˈsäng] Kinderbecken, Planschbecken
barnmat [ˈbaːrnmaːt] Babynahrung
barnpuder [ˈbaːrnpüːder] *n.* Babypuder
barnstol [ˈbaːrnstuːl] Hochstuhl, Kindersitz
barnvagn [ˈbaːrnwangn] Kinderwagen

barnvänlig ['ba:rnwänlig] kinderfreundlich

bastu ['bastü] Sauna

batteri [bate'ri:] *n.* Batterie, Akku

be [be:] <ber, bad, bett> bitten

bebi ['be:bi] Baby

bedrägeri [bedrä:ge'ri:] *n.* Betrug

behålla [be'hola] <behåller, behöll, behållit> behalten, anbehalten

behöva [be'hö:wa] <behöver, behövde, behövt> brauchen, nötig haben

bekräfta [be'kräfta] <bekräftar, bekräftade, bekräftat> bestätigen

bekräftelse [be'kräftelse] Bestätigung

ben [be:n] *n.* Bein(e), Knochen, Gräte

bena ['be:na] Scheitel

bena ['be:na] <benar, benade, benat> entgräten

bensinstation [ben'si:nsta'schu:n] Tankstelle

berg [berj] *n.* Berg

bergen ['berjen] *n. Pl.* Gebirge

berätta [be'räta] <berättar, berättade, berättat> erzählen, berichten

berömd [be'römd] berühmt

beställa [be'stäla] <beställer, beställde, beställt> bestellen

bestämma [be'stäma] <bestämmer, bestämde, bestämt> bestimmen

besöka [be'sö:ka] <besöker, besökte, besökt> besuchen

betala [be'ta:la] <betalar, betalade, betalat> bezahlen, zahlen

betalkort [be'ta:lkurt] *n.* EC-Karte

betalning [be'ta:lning] Bezahlung, Zahlung

betalningssätt [be'ta:lningssät] Zahlungsweise

betyda [be'tü:da] <betyder, betydde, betytt> bedeuten

bevis [be'wi:s] *n.* Beweis, Nachweis

bil [bi:l] Auto

bild [bild] Bild

biljett [bil'jet] Fahrkarte, Ticket

biljettautomat [bil'jetauto'ma:t] Fahrkartenautomat

billig ['bilig] billig

bio ['bi:o] Kino

biodynamisk [bi:udü'na:misk] bio..., biologisch

biograf [bi:o'gra:f:] Kino

bit [bi:t] Stück

bitter ['biter] bitter, verbittert

björn [bjö:rn] Bär

bjuda in ['bjü:da in] <bjuder, bjöd, bjudit> einladen

bjuda på ['bjü:da po:] <bjuder, bjöd, bjudit> anbieten

blad [bla:d] *n.* Blatt

blanda ['blanda] <blandar, blandade, blandat> mischen

bli [bli:] <blir, blev, blivit> werden, bleiben, bli av [bli: a:w] stattfinden, zustandekommen; bli efter [bli: 'efter] zurückbleiben; bli kvar [bli: kwa:r] (da)bleiben

blind [blind] blind

blixtlås ['blikslo:s] Reißverschluss

blod [blu:d] *n.* Blut

blomma ['bluma] Blume

blomsteraffär ['blomster|a'fä:r] Blumenladen

blus [blü:s] Bluse

blyertspenna ['blü:erts'pena] Bleistift

blyfri ['blü:fri:] bleifrei

blyg [blü:g] schüchtern

blå [blo:] blau

blåsa ['blo:sa] Blase

blåsa ['blo:sa] <blåser, blåste, blåst> blasen

blåsig ['blo:sig] windig

blöja ['blöja] Windel

bo [bu:] Nest, Horst

bo [bu:] <bor, bodde, bott> wohnen, leben

bok [bu:k] Buch, Buche

boka ['bu:ka] <bokar, bokade, bokat> buchen, reservieren; eintragen; *(einen Termin)* machen; full bokat [fül 'bu:kat] ausgebucht

bokning ['bu:kning] Buchung, Reservierung

bokstav ['buksta:w] Buchstabe

bokstavera ['bukstawe:ra] <bokstaverar, bokstaverade, bokstaverat> buchstabieren

boll [bol] Ball

bord [bu:d] *n.* Tisch

bordtennis ['bu:dtenis] Tischtennis

borta ['borta] weg

bortsprungen ['bortsprungen] entlaufen

bottenvåning ['boten'wo:ning] Erdgeschoss

bra [bra:] gut

brant [brant] steil

bred [bre:d] breit

bredd [bred] Breite

bredvid ['brewi:d] neben, daneben

brev [bre:w] *n.* Brief

brist [brist] Mangel, Defizit

bro [bru:] Brücke

broms [boms] Bremse

bromsa ['bromsa] <bromsar, bromsade, bromsat> bremsen

bronchit [bron'ki:t] Bronchitis

bror [bru:r] Bruder

brorson ['bru:rso:n] Neffe

brorsdotter ['bru:rsdoter] Nichte

bruka ['brü:ka] <brukar, brukade, brukat> gewöhnlich tun

brun [brü:n] braun

brunkål ['brü:nko:l] mit Sirup zubereiteter Weißkohl

bråttom [bro'tom] eilig

bröd [brö:d] *n.* Brot

bröst [bröst] *n.* Brust

bukt [wi:k] Bucht, Einbuchtung

burk [bürk] Dose

buss [büs] Bus

busshållplats ['büsholplats] Bushaltestelle

busstation ['büssta'schu:n] Busbahnhof

busstorg ['bü:storj] *n.* Busbahnhof

butik [bü'ti:k] Laden, Boutique

by [bü:] Dorf

byggnad ['bügnad] Gebäude

byta ['bü:ta] <byter, bytte, bytt> umsteigen, tauschen, umtauschen

byxor ['büksur] *Pl.* Hose

båda ['boːda] beide
både ... och ['boːde ... ok] sowohl ... als auch
båt [boːt] Boot, Schiff, Kahn
bäck [bäk] Bach
bänk [bänk] Bank
bär [bäːr] *n.* Beere
bära ['bäːra] <bär, bar, burit> tragen
bäst [bäst] am besten
bättre ['bätre] besser
bög [böːg] schwul
börja ['börja] <börjar, började, börjat> anfangen, beginnen
början ['böːrjan] Anfang, Beginn
böter ['böːter] Bußgeld

C

ca. ['sirka] ca.
café [kaˈfeː] Café
campa ['kampa] <campar, campade, campat> campen
campingplats ['kampingplats] Campingplatz
cd [seːˈdeː] CD
cent [sent] Cent
centimeter ['sentiˈmeːter] Zentimeter
central [senˈtraːl] Zentrale, Hauptbahnhof
central [senˈtraːl] zentral
centrum ['sentrüm] *n.* Zentrum, Stadtzentrum
chans [schans] Chance
check [schek] Scheck
chef [scheːf] Chef, Chefin
choklad [schuˈklaːd] Schokolade
cigarett [sigaˈret] Zigarette

cigarr [siˈgar] Zigarre
citron [siˈtruːn] Zitrone
civilstånd [siˈvilstond] Familienstand
clearingnummer ['kliːringˈnümer] Bankleitzahl
cola ['koːla] Cola
collect call [koˈlekt koːl] R-Gespräch
cykel ['sükel] Rad, Fahrrad
cykelväg ['sükelväːg] Radweg
cykla ['sükla] <cyklar, cyklade, cyklat> Fahrrad fahren
cyklist [sükˈlist] Radfahrer, Radfahrerin

D

dag [daːg] Tag, God dag! [guː daːg] Guten Tag!, under dagen ['ünder 'daːgen] tagsüber
dagbok ['daːgbuːk] Tagebuch
dagens lunch ['daːgens lünsch] Mittagsmenü
dagens rätt ['daːgens rät] Tagesgericht
dagis ['daːgis] Kindertagesstätte
dagligen ['daːgligen] täglich
dal [daːl] Tal
dam [daːm] Dame
dambinda ['daːmbinda] Damenbinde
damtoalett ['daːmtuaˈlet] Damentoilette
Danmark ['danmark] Dänemark
dans [dans] Tanz
dansk [dansk] dänisch
dansa ['dansa] <dansar, dansade, dansat> tanzen

dator ['daːtor] Computer
datum ['daːtüm] *n.* Datum
Pl. **de** [dom] sie, de där [dom däːr] jene, de här [dom häːr] diese
december [de'sember] Dezember
defekt [de'fekt] Defekt, Mangel
defekt [de'fekt] defekt
deg [deːg] Teig
del [deːl] Teil
dela ['deːla] <delar, delade, delat> teilen, aufteilen, verteilen
deltid ['deːltiːd] Teilzeit
den [den] er, sie, es; den här [den häːr] dieser, diese, dieses, dies; den där [den däːr] jener, jene, jenes
denna ['dena] dieser, diese, dieses, dies
dess [des] ihr, ihre; sein, seine
dessert [de'säːr] Nachspeise, Dessert
dessutom [des'üːtom] außerdem
n. **det** [deːt] er, sie, es; det där [deːt däːr] jener, jene, jenes; det här [deːt häːr] dieser, diese, dieses, dies; det finns [deːt fins] es gibt
detsamma [de:t'sama] gleichfalls, ebenso; med detsamma [meːd deːt'sama] sofort
detta ['deta] dies, das
diet [di'eːt] Diät
difteri [difte'riː] Diphtherie
dig [dej] dich, dir
dimmig ['dimig] neblig
din [din] dein, deine
direkt [di'rekt] direkt

direktflyg [di'rektflüːg] *n.* Direktflug
dit [diːt] dahin, dorthin
n. **ditt** [dit] dein, deine
djup [jüːp] tief, tiefsinnig
djur [jüːr] *n.* Tier
docka ['doka] Puppe
doft [doft] Duft
domare ['dumare] Richter, Richterin
domkyrka ['dumschüːrka] Dom
dotter ['doter] Tochter
dricka ['drika] <dricker, drack, druckit> trinken
dricks [driks] *Pl.* Trinkgeld
dricksvatten ['drikswaten] *n.* Trinkwasser
dryck [drük] Getränk
dräkt [dräkt] Kostüm, Hosenanzug (für Damen), Tracht
dröja ['dröja] <dröjer, dröjde, dröjt> dauern, zögern
du [düː] du
dubbel ['dübel] doppelt
dubbelrum ['dübelrüm] *n.* Doppelzimmer
duk [düːk] Tischdecke
dum [düm] dumm, doof
dusch [düsch] Dusche
duscha ['düscha] <duschar, duschade, duschat> duschen
duva ['düːwa] Taube
dyka ['düːka] <dyker, dök, dykt> tauchen
dykarglasögon ['düːkargla:s'öːgon] *Pl.* Taucherbrille
dykartub ['düːkar'tüːb] *(für Taucher)* Sauerstoffflasche

dykarutrustning ['dü:kar-
'ü:trüstning] Taucherausrüstung

dyr [dü:r] teuer

då [do:] damals; dann; doch; da,
weil

dålig ['do:lig] schlecht

däck [däk] *n.* Reifen, Deck

där [dä:r] da, dort; **där borta** [dä:r
'borta] dort drüben

därför ['dä:rför] deshalb, dafür

dö [dö:] <dör, dog, dött> sterben,
eingehen

död [dö:d] tot

dörr [dör] Tür

döv [dö:w] taub

E

efter ['efter] nach

eftermiddag ['efter'mida:g] Nach-
mittag, **på eftermiddagarna**
[po: 'efter'mida:garna] nachmit-
tags

efternamn ['efternamn] *n.* Famili-
enname, Nachname

efterrätt ['efterrät] Nachtisch,
Dessert

eftersom ['eftersom] da, weil

egen ['e:gen], *n.* **eget** ['e:get] eige-
ner, eigene, eigenes

egentligen [e'jentligen] eigentlich

Pl. **egna** ['e:gna] eigene

eld [eld] Feuer

eller ['eler] oder, **eller hur?** ['eler
hü:r] nicht wahr?

emot [e'mu:t] entgegen, dagegen,
gegen; **mitt emot** [mit 'emu:t]
gegenüber

en [en] ein, einer, eine, eines

engelsk ['engelsk] englisch

engångs... ['e:ngongs] Einweg...

enkel ['engkel] einfach; unkompli-
ziert, schlicht

enkelrum ['engkelrüm] *n.* Einzel-
zimmer

enkrona ['e:nkru:na] 1-Kronen-
stück

enligt [e:nlit] laut, gemäß

ensam ['ensam] allein, einsam

entré [en'tre:] Eintritt, Eingang,
Auftritt

e-mejl ['i: mejl] E-Mail

e-post ['e: post] E-Mail

er [e:r] *(Personalpronomen, Objekt-
form)* euch, Sie, Ihnen; *(Posses-
sivpronomen)* euer, eure; *(Posses-
sivpronomen Höflichkeitsform)*
Ihr, Ihre

erbjuda ['e:rbjü:da] <erbjuder,
erbjöd, erbjudit> anbieten, bieten

erbjudande ['e:rbjü:dande] *n.*
Angebot

n. **ert** [e:rt] *(Personalpronomen,
Objektform)* euch, Sie, Ihnen;
(Possessivpronomen) euer, eure;
*(Possessivpronomen Höflich-
keitsform)* Ihr, Ihre

etikett [eti'ket] Etikett, Etikette

n. **ett** [et] ein, einer, eine, eines

euro ['ewro] Euro

Europa [e'ru:pa] *n.* Europa

europé [ero'pe:] Europäer, Euro-
päerin

europeisk [ero'pe:isk] europäisch

expedit [ekspe'di:t] Verkäufer, Ver-
käuferin

F

fabrik [fa'bri:k] Fabrik
faktiskt ['faktiskt] tatsächlich
falla ['fala] <faller, föll, fallit> fallen
familj [fa'milj] Familie
familjerum [fa'miljerüm] Familien-zimmer
familjevänlig [fa'milje'vänlig] familienfreundlich
far [fa:r] Vater
farbror ['farbrur] *(Bruder des Vaters)* Onkel, älterer Mann
farfar ['farfar] *(Vater des Vaters)* Großvater
farföräldrar ['fa:rför'äldrar] *(Eltern des Vaters)* Großeltern
farlig ['fa:rlig] gefährlich
farmor ['farmur] *(Mutter des Vaters)* Großmutter
faster ['faster] *(Schwester des Vaters)* Tante
fastland ['fastland] *n.* Festland
fat [fa:t] Fass, Schale
fattas ['fatas] <fattas, fattades, fattats> fehlen
fattig ['fatig] arm
fax ['faks] Fax
faxa ['faksa] <faxar, faxade, faxat> faxen
faxnummer ['faksnümmer] *n.* Fax-nummer
feber ['fe:ber] Fieber
februari [febru'a:ri] Februar
fel [fe:l] Fehler
fel [fe:l] falsch
femhundralapp ['femhündralap] 500-Kronen-Schein

feminin [fe:mi'ni:n] weiblich, feminin
femkrona ['femkru:na] 5-Kronen-Stück
femtiolapp ['femtiolap] 50-Kronen-Schein
ferienhus ['fe:rienhü:s] Ferienhaus
fest [fest] Feier
ficka ['fika] Tasche
fickkniv ['fik|kni:w] Taschenmes-ser
film [film] Film
fin [fi:n] fein, schön, zart
finger ['finger] *n.* Finger
Finland ['finland] Finnland
finska ['finska] finnisch
fira ['fi:ra] <firar, firade, firat> feiern, *(ein Rettungsboot)* herunter-lassen
firma ['firma] Firma
fisk [fisk] Fisch
fiska ['fiska] <fiskar, fiskade, fiskat> fischen, angeln
fiskpinne ['fiskpine] Fischstäb-chen
fjord [fjo:rd] Förde
fjäll [fjäl] *n.* Gebirge, *(vom Fisch)* Schuppe
fjällvandring ['fjälwandring] Gebirgswanderung
fjärdedel ['fjä:rde:del] Viertel
fjäril ['fjä:ril] Schmetterling
flagga ['flaga] Fahne, Flagge
flaska ['flaska] Flasche
flasköppnare ['flasköpnare] Fla-schenöffner
flat [fla:t] flach

flera ['fle:ra] mehrere, flera
gånger ['fle:ra gonger] mehrmals

flicka ['flika] Mädchen

flicknamn ['fliknamn] n. Mädchen-
name

flod [flu:d] Fluss, Flut

flyg [flü:g] n. Flug

flyga ['flü:ga] <flyger, flög, flugit>
fliegen, abfliegen, wegfliegen

flygplan ['flü:gpla:n] Flugzeug

flygplats ['flü:gplats] Flughafen

flytta ['flüta] <flyttar, flyttade,
flyttat> umziehen; versetzen,
rücken

flytväst ['flü:twäst] Rettungs-
weste, Schwimmweste

fläsk [fläsk] n. (durchwachsener)
Speck

folk [folk] n. Leute

form [form] Form

formulär [formü'lä:r] n. Formular

fortsätta ['fortsäta] <fortsätter,
fortsatte, fortsatt> weitermachen,
fortfahren, fortsetzen

fot [fu:t] Fuß

fotboll ['fu:tbol] Fußball

fotgängare ['fu:tjängare] Fußgän-
ger, Fußgängerin

foto ['futo] n. Foto

fotografera [futogra'fe:ra]
<fotograferar, fotograferade,
fotograferat> fotografieren

fralla ['frala] Brötchen, Semmel

fram [fram] nach vorne; heraus,
hervor

framför ['framfö:r] vor, davor

framkalla ['framkala] <framkallar,
framkallade, framkallat> hervorru-
fen, auslösen, verursachen; *(ein
Foto)* entwickeln

framkallning [fram'kalning] Ent-
wicklung

framme ['frame] da, hier; vorne

framsida [fram'sida] Vorderseite,
Vorderansicht

fredag ['fre:da:g] Freitag

fri [fri:] frei

friluftsmuseum
['fri:luftsmü'se:üm] Freilichtmu-
seum

frimärke ['fri:mä:rke] n. Briefmarke

frisk [frisk] gesund, frisch

♂ **frisör** [fri'sö:r], ♀ **frisörska**
[fri'sö:rska] Friseur, Friseurin

fritid ['fri:ti:d] Freizeit

fru [frü:] Frau

frukost ['frükost] Frühstück

frukt [frükt] Frucht, Obst

fråga ['fro:ga] Frage

fråga ['fro:ga] <frågar, fågade,
frågat> fragen

från [fro:n] von, ab, aus

främmande ['främande] Besuch,
Gäste

främmande ['främande] fremd

full [fül] voll, voller

fungera [fün'ge:ra] <fungerar,
fungerade, fungerat> fungieren,
funktionieren

funktionshindrad
['fünkschu:ns'hindrad] behindert

fylla ['füla] <fyller, fyllde, fyllt> fül-
len, fylla i ['füla i] ausfüllen

få [fo:] <får, fick, fått> dürfen,
bekommen

få [fo:] wenige

fågel ['foːgel] Vogel
fånga ['foːnga] <fångar, fångade, fångat> fangen
fåtölj [fo'tölj] Sessel
fält [fält] n. Feld
fängelse ['fängelse] n. Gefängnis
färdig ['fäːrdig] fertig
färg [fäːrj] Farbe
färja ['färja] Fähre
färre ['färe] weniger
färsk [färsk] frisch, neu
♂ **fästman** ['fästman], ♀ **fästmö** ['fästmöː] Verlobter, Verlobte
född [föd] geboren
födelsedag ['föːdelsedaːg] Geburtstag
födelsedatum ['föːdels'daːtŭm] n. Geburtsdatum
födelseort ['föːdelse|ut] Geburtsort
följa [följa] <föjer, följde, följt> folgen, begleiten, befolgen
fönster ['fönster] n. Fenster
för [för] für, um, vor
föra ['föːra] <för, förde, fört> führen
förare ['föːrare] Fahrer, Fahrerin
förbindelse ['förbindelse] Verbindung, Anschluss
förbjuden [föːr'bjüːden] verboten
före ['föːre] vor
föredra ['föːredraː] <föredrar, föredrog, föredragit> vorziehen, bevorzugen
förklara ['föːrklaːra] <förklarar, förklarade, förklarat> erklären
förlora [föːr'luːra] <förlorar, förlorade, förlorat> verlieren

förlåt! [för'loːt] Verzeihung!
förmiddag ['föːrmidaːg] Vormittag, **på förmiddagen** [po: 'föːrmidaːn] vormittags
förnamn ['föːrnamn] n. Vorname
förort ['förut] Vorort
förra ['föra] letzter, letzte, letztes
förresten ['föresten] übrigens
förrgår ['förgoːr] **i förrgår** [iː 'förgoːr] vorgestern
förrätt ['föːrrät] Vorspeise
försenad [för'seːnad] verspätet
försiktig [föːr'siktig] vorsichtig
förslag ['förslag] n. Vorschlag
först [först] zuerst, **först och främst** [först ok främst] zu allererst
första ['första] erster, erste, erstes
förstoppning [för'stopning] Verstopfung
förstå ['försto:] <förstår, förstod, förstått> verstehen
förstås ['försto:s] natürlich, selbstverständlich
försäkring [för'säːkring] Versicherung
försöka [för'söːka] <försöker , försökte, försökt> versuchen
förvaringsbox [för'waːringsboks] Schließfach
förälder [för'älder] Elternteil, **föräldrar** [för'äldrar] Eltern

G

gaffel ['gafel] Gabel
galen ['gaːlen] verrückt
galler ['galer] Gitter, Rost
gammal ['gamal] alt

ganska ['ganska] ziemlich
garage [ga'ra:sch] *n.* Garage
garderob [gar'dro:b] Kleiderschrank, Garderobe
gas [ga:s] Gas
gata ['ga:ta] Straße
gatukorsning ['ga:tü'korsning] Straßenkreuzung
ge [je:] <ger, gav, gett> geben, **ge tillbaka** [je: til'ba:ka] zurückgeben
genast ['je:nast] sofort
genom ['je:nom] durch
get [je:t] Ziege
gift [jift] Gift
gift [jift] verheiratet
gifta sig ['jifta sej] <gifter, gifte, gift> heiraten
giftig ['jiftig] giftig
giltig ['jiltig] gültig
glad [gla:d] froh, fröhlich
glas [gla:s] *n.* Glas
glasbruk ['gla:sbrü:k] *n.* Glashütte
glass [glas] Eis
glidflygning ['gli:dflü:gning] Gleitschirmfliegen
glömma ['glöma] <glömmer, glömde, glömt> vergessen
god [gu:d] gut, lecker
golf [golf] Golf
golfplats ['golfplats] Golfplatz
Gotland ['gotland] Gotland
grad [gra:d] Grad
gram [gram] *n.* Gramm
gratis ['gra:tis] gratis
gratulera [gratü'le:ra] <gratulerar, gratulerade, gratulerat> gratulieren

gravid [gra'wi:d] schwanger
graviditetstest [grawidi'te:ts'test] *n.* Schwangerschaftstest
gris [gri:s] Schwein
griskött ['gri:sschöt] *n.* Schweinefleisch
grotta ['grota] Höhle
gryta ['grü:ta] Topf, Eintopf
grå [gro:] grau
grädde ['gräde] Sahne
grön [grö:n] grün
grönsak ['grö:nsa:k] Gemüse
gul [gü:l] gelb
guld [gŭld] Gold
gurka ['gŭrka] Gurke
gå [go:] <går, gick, gått> gehen, laufen; **gå ifrån** [go: i'fro:n] verlassen
gång [gong] Gang; Mal; Lauf, Verlauf; **en gång** [e:n gong] einmal; **någon gång** ['no:gon gong] irgendwann
gärna ['jä:rna] gern(e)
gäst [jäst] Gast
göra ['jö:ra] <gör, gjorde, gjort> machen, tun, **göra ont** ['jö:ra unt] wehtun
Göteborg ['jöteborj] Göteborg

H

ha [ha:] <har, hade, haft> haben, sein
hal [ha:l] glatt
halka ['halka] Eisglätte, Glatteis
halka ['halka] <halkar, halkade, halkat> rutschen
hall [hal] Halle; Flur, Diele

hallon ['halon] *n.* Himbeere
hals [hals] Hals
halsduk ['halsdü:k] Schal, Halstuch
halv [halw] halber, halbe, halbes; *(in Uhrzeitangaben)* halb
halvlek ['halwle:k] Hälfte, Spielhälfte
halvmil ['halwmi:l] fünf Kilometer
halvpension ['halwpen'schu:n] Halbpension
halv [halw] halber, halbe, halbes
han [han] er
hand [hand] Hand
handduk ['handü:k] Handtuch
handikappad ['handi'kapad] behindert
handikapplegitimation ['handikaplegitima'schu:n] Behindertenausweis
handikappvänligt ['handikap'vä:nligt] behindertengerecht
handla ['handla] <handlar, handlade, handlat> handeln, einkaufen
handpenning [hand'pening] Anzahlung
handske ['handske] Handschuh
hans [hans] sein, seine
hav [ha:w] *n.* Meer
hej! [häj] hallo!, Hej då! [häj do:] Tschüss!, Hej då så länge! [häj do: so 'länge] Tschüss, bis dann!
hejsan! ['häjsan] Tag!, grüß dich!
hel [he:l] ganz
helg [helj] Wochenende
helgdag ['heljda:g] Feiertag

helpension [he:lpen'schu:n] Vollpension
heltid ['he:lti:d] Vollzeit
hem [hem] *n.* Heim, Zuhause
hem [hem] nach Hause
henne ['hene] ihr, sie
hennes ['henes] ihr, ihre
hepatit [hepa'ti:t] Hepatitis
herr [her] Herr
herrtoalett ['hertua'let] Herrentoilette
het [he:t] heiß
heta ['he:ta] <heter, hette, hetat> heißen
hiss [his] Fahrstuhl
hitta <hittar, hittade, hittat> finden
hjul [jü:l] *n.* Rad
hjälp [jälp] Hilfe
hjälpa ['jälpa] <hjälper , hjälpte, hjälpt> helfen
hjärtlig ['järtlig] herzlich
homosexuell [hu:museksü'el] homosexuell
hon [hun] sie
honom ['honom] ihn, ihm
honung ['ho:nŭng] Honig
hoppa ['hopa] <hoppar, hoppade, hoppat> springen, hüpfen
hos [hus] bei
hosta ['husta] Husten
hostmedicin ['hustmedi'si:n] Hustensaft
hotell [ho'tel] *n.* Hotel
hotellförteckning [ho'telför'tekning] Hotelverzeichnis
hotellrum [ho'telrŭm] *n.* Hotelzimmer

hund [hŭnd] Hund

hundralapp ['hŭndralap] 100-Kronen-Schein

hunger ['hŭnger] Hunger

hungrig ['hŭngrig] hungrig

hur [hü:r] wie, hur många [hü:r monga] wie viele

hus [hü:s] *n.* Haus

husbil ['hü:sbi:l] Wohnmobil

husdjur ['hü:sjü:r] *n.* Haustier

husets vin ['hü:sets wi:n] *n.* Hauswein

hustru ['hŭstrü:] Ehefrau

husvagn ['hü:swangn] Wohnwagen

huvud ['hüwŭd] *n.* Kopf

huvudkudde ['hüwŭdk'ŭde] Kopfkissen

huvudrätt ['hüwŭdrät] Hauptspeise

huvudvärk ['hüwŭdwä:rk] Kopfweh

hylla ['hüla] Regal

hyra ['hü:ra] Miete

hyra ['hü:ra] <hyr, hyrde, hyrt> mieten

hyresvärd ['hü:reswä:rd] Vermieter, Vermieterin

hål [ho:l] *n.* Loch

hålla ['hola] <håller, höll, hållit> halten, abhalten, einhalten; hålla i ['hola i:] festhalten, andauern; hålla på ['hola po:] bestehen auf, achten auf

hår [ho:r] *n.* Haar

hård [ho:rd] hart, fest

hårstrå ['ho:rstro:] Haar

hälften ['hälften] Hälfte

hälsa ['hälsa] Gesundheit

hälsa ['hälsa] <hälsar, hälsade, hälsat> grüßen, begrüßen; hälsa på ['hälsa po:] grüßen, besuchen

hälsning ['hälsning] Gruß

hämta ['hämta] <hämtar, hämtade, hämtat> holen, abholen

här [hä:r] hier

härifrån ['hä:rifro:n] von hier

härskare ['härskare] Herr, Herrscher

häst [häst] Pferd

höft [höft] Hüfte

hög [hö:g] Haufen

hög [hö:g] hoch, laut

höger ['hö:ger] rechts

högglans ['hö:glglans] Hochglanz

högljudd ['hö:gjüd] laut

höjd [höjd] Höhe

höna ['hö:na] Henne, Huhn

höns [höns] Federvieh, Huhn

höra ['hö:ra] <hör, hörde, hört> hören, höra på ['hö:ra po:] zuhören

hörselskadad ['hörsel'ska:dad] schwerhörig

höst [höst] Herbst

I

i [i:] in, auf

ibland [i:'bland] manchmal

icke rökare ['ike 'rö:kare] Nichtraucher, Nichtraucherin

idag [i'da:g] heute

idé [i'de:] Idee

identitetskort [idänti'te:tskurt] Ausweis

idrottskwinna ['i:drotskwina] Sportlerin

idrottsman ['i:drotsman] Sportler

igår [i:'go:r] gestern

illamående ['ilamo:ende] *n.* Übelkeit, Unwohlsein

illamående ['ilamo:ende] übel, unwohl

inbjudan ['inbjü:dan] Einladung

information [informa'schu:n] Information

Pl. **inga** ['inga] keine

ingen ['ingen], *n.* **inget** kein, keine

ingång ['ingong] Eingang

inne ['ine] drinnen, innen; in, im Trend

inom ['inom] innerhalb

inomhus ['inomhü:s] drinnen, im Haus

inresa [in're:sa] Einreise

insekt ['insekt] Insekt

insektsbett ['insektsbet] *n.* Insektenbiss

instämma [in'stäma] <instämmer, instämde, instämt> zustimmen, einverstanden sein

insulin [insü'li:n] *n.* Insulin

inte ['inte] nicht, inte alls ['inte als] gar nicht, inte längre ['inte 'längre] nicht mehr, inte någonting ['inte 'no:gonting] nichts

internet ['internet] *n.* Internet

intressant [intre'sant] interessant

inträdesbiljett ['inträ:des'biljet] Eintrittskarte

isstadion [i:ssta:dion] Eisstadion

J

ja [ja:] ja

jacka ['jaka] Jacke

jag [ja:(g)] ich

jaha [ja'ha:] ja, ach so

jakt [jakt] Jagd

jamen ['jamen] ja, aber

januari [janü'a:ri] Januar

jaså! [ja'so:] ach so!, wirklich!

javisst [ja'wist] aber sicher, natürlich

jeans [ji:ns] Jeans

jobb [job] Arbeit

jordgubbe ['ju:dgŭbe] Erdbeere

ju [jü] ja, doch; ju ... dess, ju ... desto je ..., desto ...

juice [ju:s] Saft

jul ['jü:l] Weihnachten

julafton ['jü:lafton] Heiligabend

juli ['jü:li] Juli

juni ['jü:ni] Juni

just [jüst] gerade, just det [jüst de:t] genau

juvelerare ['jüwele:rare] Juwelier, Juwelierin

jättebra ['jäte bra:] sehr gut/schön

jättegod ['jäte gu:d] sehr lecker

jätteskön ['jäte schö:n] sehr schön/bequem

K

kabel ['ka:bel] Kabel

kabinbana ['kabi:n'ba:na] Seilbahn

kafé [ka'fe:] Café

kaffe ['kafe] Kaffee

kaka ['ka:ka] Kuchen
kakao ['ka:ka'u:] Kakao
kall [kal] kalt
kalsonger ['kalsonger] *Pl.* Unterhose
kamera ['ka:mera] Kamera
kam [kam] Kamm
kamma ['kama] <kammar, kammade, kammat> kämmen
kanelbulle ['kane:l'bŭle] Zimtschnecke
kanot [ka'nu:t] Kanu
kanske ['kansche] vielleicht
kappa ['kapa] (Damen)mantel
kapplöpningsbana ['kaplö:pnings'ba:na] Rennbahn
karantän [karan'tä:n] Quarantäne
karta ['ka:rta] Karte, Landkarte
kasino [ka'sino] *n.* Spielkasino
kassa ['kasa] Kasse
kassaskåp ['kasasko:p] *n.* Safe
kasse ['kase] Tüte
kassör [ka'sör], **kassörska** [ka'sörska] Kassierer, Kassiererin
katt [kat] Katze
kemtvätt ['sche:mtvät] Reinigung
keps [keps] Kappe
keramikvaror [schera'mi:k'wa:rur] *Pl.* Töpferwaren
ketchup ['ketschŭp] Ketchup
kex [keks] Keks
kikare ['schi:kare] Fernglas
kille ['kile] *(umgs.)* Junge
kilogram ['schi:lugram] *n.* Kilogramm
kilometer ['schi:lu'me:ter] Kilometer

kiosk [schosk] Kiosk
kjol [schu:l] Rock
klaga [kla:ga] <klagar, klagade, klagat> klagen, beschweren
klagomål ['kla:gumo:l] Klage, Beschwerde
klar [kla:r] klar, *(umgs.)* fertig
klia ['kli:a] <kliar, kliade, kliat> jucken
klippa ['klipa] Fels
klippa ['klipa] <klipper, klippte, klippt> schneiden, scheren
klocka ['kloka] Glocke, Klingel; Uhr
klubba ['klŭba] Keule, Hammer; *(für Golf, Eishockey)* Schläger; *(Süßigkeit)* Lutscher
kläder ['klä:der] *n. Pl.* Kleidung
klänning ['kläning] Kleid
knapp [knap] Knopf
knapp [knap] knapp
knappnål ['knapno:l] Stecknadel
kniv [kni:w] Messer
knytkalas ['knü:tka'la:s] Party, zu der jeder etw. zu essen mitbringt
kock [kok] Koch
kofta ['kofta] Strickjacke
kokerska ['ku:kerska] Köchin
komma ['koma] <kommer, kom, kommit> kommen, ankommen; komma fel sich verwählen, es falsch gemacht haben; komma ihåg ['koma 'i:ho:g] behalten, sich erinnern; komma rätt richtig verbunden sein; komma ut herauskommen

kommision [komi'schu:n] Kommission

kommunikationsmedel [komŭnika'schu:ns'me:del] *n.* Verkehrsmittel, Kommunikationsmittel

kompass ['kompas] Kompass

kompis ['kompis] Freund, Freundin

konditori [kondito'ri:] *n.* Konditorei

kondom [kon'do:m] Kondom

konsert [kon'sert] Konzert

konservburk [kon'serwbŭrk] Konservendose

konst [konst] Kunst

konsthantverk ['konsthantwärk] *n.* Kunsthandwerk

konstig ['konstig] komisch, merkwürdig

konstverk ['konstvärk] *n.* Kunstwerk

konsulat [konsŭ'la:t] *n.* Konsulat

kontanter [kon'tanter] *Pl.* Bargeld

kontinent ['kontinent] Kontinent

konto ['konto] *n.* Konto

kontonummer ['konto'nŭmer] *n.* Kontonummer

kontor [kon'tu:r] *n.* Büro

kontrakt [kon'trakt] *n.* Vertrag

kontroll [kon'trol] Kontrolle

kontrollera [kontro'le:ra] <kontrollerar, kontrollerade, kontrollerat> kontrollieren

kopp [kop] Tasse

koppel ['kopel] *n.* Leine, Hundemeute

koppla ['kopla] <kopplar, kopplade, kopplat> koppeln, kuppeln; schalten; verbinden

koppling ['kopling] Kupplung, Koppeln

korg [korj] Korb

kork [kork] Korken

korkskruv ['korkskrü:w] Korkenzieher

kort [ku:t] Karte

kort [kort] kurz

korv [korw] Wurst

kost Kost, fullvärdig kost ['fülwä:rdig kost] Vollwertkost

kosta ['kosta] <kostar, kostade, kostat> kosten

kostym [kos'tüm] Anzug, Kostüm

krabba ['kraba] Krabbe

kreditkort ['kredi:tkut] *n.* Kreditkarte

kreditkortnummer ['kredi:tkut'nümer] *n.* Kreditkartennummer

krig [kri:g] Krieg

kristlig ['kristlig] christlich

krog [kru:g] Kneipe

krona ['kru:na] *(schwedische Währung, Königskrone)* Krone

kropp [krop] Körper

kruka ['krü:ka] Topf

krycka ['krüka] Krücke

kräm [krä:m] Creme, Grütze

kudde ['kŭde] Kissen

kuddfodral ['kŭdfodra:l] *n.* Kissenbezug

kulspetspenna ['kü:lspets'pena] Kugelschreiber

kunna ['kŭna] <kan, kunde, kunnat> können
kurs [kŭrs] Kurs
kusin [kŭ'si:n] Cousin, Cousine
kust [kŭst] Küste, **brant kust** [brant kŭst] Steilküste
kuvert [kŭ'ver] Gedeck
kvadratmeter [kwa'dra:t'meter] Quadratmeter
kvalitet [kwali'te:t] Qualität
kvar [kwa:r] übrig
kvart [kwart] Viertel
kvarter [kwa'te:r] n. (Stadt)viertel
kvatal [kwa'ta:l] n. Vierteljahr
kvinna ['kwina] Frau
kvinnlig ['kwinlig] weiblich, fraulich
kvitto ['kwitu] n. Quittung
kväll [kwäl] Abend, **God kväll!** [gu: kwäl] Guten Abend!, **på kvällarna** [po: 'kwälarna] abends
kvällsmat ['kwälsma:t] Abendessen
kyckling ['schükling] Küken, Hähnchen
kyla ['schü:la] Kälte, Kühle
kyla ['schü:la] <kyler, kylde, kylt> kühlen
kylskåp ['schü:lsko:p] n. Kühlschrank
kyrka ['schü:rka] Kirche
kyss [schüs] Kuss
kyssa ['schüsa] <kysser, kysste, kysst> küssen
källare ['schälare] Keller
källarvåning ['schäla:r'wo:ning] Untergeschoss

kämpa ['schämpa] <kämpar, kämpade, kämpat> kämpfen
känna ['schäna] <känner, kände, känt> kennen; spüren, fühlen; **känna till** kennen, wissen von
kär [schä:r] lieb, verliebt
kärlek ['schä:rle:k] Liebe
kö [kö:] (Menschen)schlange
kök [schö:k] n. Küche
köpa ['schö:pa] <köper, köpte, köpt> kaufen, einkaufen
köpcentrum [schö:psentrüm] n. Einkaufszentrum
Köpenhamn ['schöpenhamn] Kopenhagen
köra ['schö:ra] <kör, körde, kört> fahren
körfält ['schö:rfält] (einer Straße) Spur
körkort ['schö:rkut] n. Führerschein
kött [schöt] n. Fleisch
köttaffär [schöta'fä:r] Fleischerei
köttbulle ['schötbüle] Fleischbällchen

L

ladda ['lada] <laddar, laddade, laddat> laden, **ladda ner** downloaden
laddare ['ladare] Ladegerät
laga mat ['la:ga ma:t] <lagar, lagade, lagat> kochen
laglig ['la:glig] legal
lagom [la:'gom] gerade richtig
lakan ['la:kan] n. Laken, Bettlaken
land [land] n. Land
landskap ['landska:p] n. Landschaft, Provinz

landsväg ['landswä:g] Landstraße
lastbil ['lastbi:l] Lastwagen, Lkw
lax [laks] Lachs
le [le:] <ler, log, lett> lächeln
ledarhund ['le:darhund] Blinden-
hund
ledig ['le:dig] frei
leg [leg] *(umgs.)* Ausweis
legitimation(skort)
[legitima'schu:n(skut)] Ausweis
leka ['le:ka] <leker, lekte, lekt> spie-
len
lesbisk ['lesbisk] lesbisch
leta ['le:ta] <letar, letade, letat>
suchen
leva ['le:wa] <lever, levde, levt>
leben
lever ['le:wer] Leber
liftkort ['lift:kut] *n.* Skipass
ligga ['liga] <ligger, låg, legat> lie-
gen
liggvagn ['ligwangn] Kinderwagen
lik [li:k] *n.* Leiche
lik [li:k] gleich
likör [li'kö:r] Likör
lila ['li:la] lila
lingonsylt ['lingonsült] einge-
machte Preiselbeeren
linje ['li:nje] Linie
lina ['li:na] Leine
linne ['line] *n.* Unterhemd, Top
lins [lins] Linse
lite ['li:te] (ein) wenig, ein biss-
chen
liten ['li:ten] klein
liter ['li:ter] Liter
n. **litet** ['li:tet] klein
liv [li:w] *n.* Leben, Radau

livsmedel ['liwsme:del] *n.* Lebens-
mittel
ljus [jü:s] *n.* Licht, Kerze
ljus [jü:s] hell
lock [lok] Locke
lock [lok] *n.* Deckel
lodjur ['lu:jü:r] *n.* Luchs
lokaltrafik ['loka:ltra'fi:k] Nahver-
kehr
lotion [lo'schu:n] Lotion
lov [lo:w] *n. Sing.* Ferien, Erlaubnis
lova [lo:wa] <lovar, lovade, lovat>
versprechen
luft [lüft] Luft
lugn ['lüngn] *n.* Ruhe
lugn ['lüngn] ruhig
lukta ['lükta] <luktar, luktade,
luktat> riechen
lunch [lünsch] Mittagessen
lunchtid ['lünschti:d] Mittag, vid
lunchtid [wi:d 'lünschti:d] mittags
lunga ['lünga] Lunge
lycka ['lüka] Glück
lycklig ['lüklig] glücklich
lyssna ['lüsna] <lyssnar, lyssnade,
lyssnat> zuhören, horchen
låg [lo:g] leise, niedrig
låna ['lo:na] <lånar, lånade, lånat>
ausleihen
lång [long] lang; groß, hochge-
wachsen
långsam ['longsam] langsam
lås [lo:s] *n. (zum Abschließen)*
Schloss
låt [lo:t] Lied
låta ['lo:ta] <låter, lät, låtit> klin-
gen, lassen, låta bli ngt etw.
sein lassen, etw. bleiben lassen

läcker ['läker] lecker
läder ['lä:der] *n.* Leder
lägenhet ['lä:genhe:t] Wohnung
lägga ['läga] <lägger, la, lagt> legen
läkare ['lä:kare] Arzt, Ärztin
lämna ['lämna] <lämnar, lämnade, lämnat> verlassen; zurücklassen, hinterlassen; hinbringen; abgeben; geben
längd [längd] Länge, Dauer
längdåkning ['längdo:kning] Langlauf
länge ['länge] lange
längesedan ['länge'se:dan] lange her
längre ['längre] länger
läpp [läp] Lippe
läppstift ['läpstift] *n.* Lippenstift
lära ['lä:ra] <lär, lärde, lärt> lernen
läsa ['läsa] <läser, läste, läst> lesen
läsk [läsk] Limonade
lätt [lät] leicht
lättöl ['lätö:l] Leichtbier
lök [lö:k] Zwiebel
lördag ['lö:rdag] Samstag
lösa in ['lö:sa in] <löser, löste, löst> einlösen
lösning ['lö:sning] Lösung
löss [lös] Läuse

M

mack [mak] *(umgs.)* Tankstelle
mage ['ma:ge] Bauch, Magen
maj [maj] Mai
majonnäs [majo'nä:s] Mayonnaise
makaron [maka'ru:n] Nudel
make ['ma:ke] Ehemann

mamma ['mama] Mamma
man [man] Mann
man [man] man
manet [ma'ne:t] Qualle
mannlig ['manlig] männlich
marknad ['marknad] Markt
marmelad [marme'la:d] Marmelade
mars [mars] März
maskin [ma'schi:n] Maschine
maskulin [maskü'li:n] männlich
massage [ma'sa:sch] Massage
mat [ma:t] Essen
maträtt [ma:'trät] Gericht
matt [mat] matt
matta ['mata] Matte, Teppich
med [me:d] mit
medborgarskap ['me:d:borjarska:p] *n.* Staatsangehörigkeit
meddelande ['me:de:lande] *n.* Durchsage; Nachricht, Mitteilung
medicin [medi'si:n] Medizin
mellan ['melan] zwischen
mellanmål ['melanmo:l] Zwischenmahlzeit
melon [me'lu:n] Melone
men [men] aber
mena ['me:na] <menar, menade, menat> meinen
mening ['me:ning] Meinung; Bedeutung, Sinn; Absicht; Satz
menstruation [menstrüa'schu:n] Menstruation
meny [me'nü:] Speisekarte, Menü
mer [me:r], **mera** ['me:ra] mehr
metall [me'tal] Metal
meter ['me:ter] Meter

middag ['midaːg] Mittag, Mittagessen, (warmes) Abendessen, God middag! [guː 'midag] Guten Tag!

midsommar ['misomar] Mittsommer

midsommarafton ['misomarˌafton] Mittsommerabend

midsommardag ['misomarˈdaːg] Mittsommertag

midsommarfest ['misomarfest] Mittsommerfest

mig [mej] mich, mir

migrän [miˈgräːn] Migräne

mikrovågsugn ['mikrowoːgsungn] Mikrowelle

mil [miːl] 10 Kilometer

mild [mild] mild

militär [miliˈtäːr] Militär

min [min] meiner, mein, meine, meines

mindre ['mindre] weniger

mineralvatten [mineˈraːlwaten] *n.* Mineralwasser

miniräknare ['miːniːˈräːknare] Taschenrechner

minsann ['minsan] wirklich

minus ['minŭs] minus

minut [miˈnüːt] Minute

mitt [mit] Mitte

n. **mitt** [mit] meiner, mein, meine, meines

mjäll [mjäl] *n. Pl.* Schuppen

mjöl [mjöːl] *n.* Mehl

mjölk ['mjölk] Milch

mjölkprodukt ['mjölkprodŭkt] Milchprodukt

mobil [moˈbiːl] Handy

mode ['muːde] Mode

modig ['muːdig] mutig

mor [muːr] Mutter

morbror ['murbrur] Onkel mütterlicherseits

morfar ['murfar] Großvater mütterlicherseits

morföräldrar ['murföräldrar] Großeltern mütterlicherseits

morgon ['moron] Morgen, God morgon! [guː 'moron] Guten Morgen!, i morgon [iː 'moron] morgen, på mornarna [po: 'mornarna] morgens

mormor ['murmur] Großmutter mütterlicherseits

morot ['muːruːt] Möhre

mos [muːs] Pürré, Mus

moské [mosˈkeː] Moschee

moster ['muster] Tante mütterlicherseits

mot [muːt] gegen, in Richtung

motionsrum [motˈschuːnsrŭm] *n.* Fitnessraum

motor ['muːtor] Motor

motorcykel ['muːtorˈsükel] Motorrad

motorstopp ['muːturstop] *n.* Panne

motorväg ['muːtur wäːg] Autobahn

mottagare ['muːˈtaːgare] Empfänger, Empfängerin

mugg [mŭg] Tasse

mun [mŭn] Mund

mur [müːr] Mauer

mus [müːs] Maus

musik [mŭˈsiːk] Musik

muslimsk [muˈsliːmsk] muslimisch

mycket ['müke] sehr, viel

227

mygga ['müga] Mücke
myggnät ['mügnäːt] *n.* Moskito-netz
mynt [münt] Münze
myra ['müːra] Ameise
mysig ['müːsig] gemütlich; kusche-lig, knuddelig
mål [moːl] *n.* Tor, Ziel, Mahlzeit
målning ['moːlning] Gemälde
måltid ['moːltiːd] Mahlzeit, Smak-lig måltid! ['smaːklig 'moːltiːd] Guten Appetit!
månad ['moːnad] Monat
måndag ['mondaːg] Montag
måne ['moːne] Mond
många ['monga] viele
måste ['moste] *(Modalverb ohne Infinitiv)* muss
mått [mot] *n.* Maß
människa ['mänscha] Mensch
mässa ['mäsa] Messe
mässling ['mäsling] Masern
mätt [mät] satt
möbel ['möːbel] Möbel
möjlig ['möjlig] möglich
mörk [möːrk] dunkel
mössa ['mösa] Mütze

N

nacke ['nake] Genick, Nacken
nagel ['naːgel] Nagel
nagellack ['naːgellak] *n.* Nagellack
nagelsax ['naːgelsaks] Nagel-schere
namn [namn] *n.* Name
napp [nap] Schnuller
napp [nap] *n.* Anbeißen

nappflaska ['napflaska] Baby-fläschchen
nationalitet [natschunaliˈteːt] Nationalität
natt [nat] Nacht, på natten [po: 'naten] nachts
natur [naˈtüːr] Natur
naturmedicin [naˈtüːrmediˈsiːn] Naturheilkunde
nej [nej] nein
nere ['neːre] unten; niedergeschla-gen, deprimiert
ni [niː] *(Personalpronomen)* ihr, Sie
nog [nuːg] wohl, wohl schon; genug
noga ['nuːga] genau, sorgfältig
Norge ['norje] Norwegen
norr [nor] Norden
norrman ['norman] Norweger
norsk [norsk] norwegisch
norska ['norska] Norwegisch
nota ['nuːta] Rechnung
november [noˈwember] November
nu [nüː] jetzt
nummer ['nümer] *n.* Nummer
ny [nüː] neu
nyckel ['nükel] Schlüssel
nyårsafton ['nüoːrsˈafton] Silves-ter
någon ['noːgon] jemand; irgendei-ner, irgendeine, irgendein; inte någon ['inte 'noːgon] niemand, keiner, keine, kein
någonstans ['noːgonstans] irgendwo
n. **något** ['noːgot] irgendeiner, irgendeine, irgendein; irgendet-was; något annat ['noːgot 'anat]

etwas anderes; inte något ['inte
'no:got] keiner, keine, kein

Pl. **några** ['no:gra] irgendwelche,
ein paar, einige; inte några ['inte
'no:gra] keine

nål [no:l] Nadel

när [nä:r] wann, wenn, als

nära ['nä:ra] nah(e), eng

näsa ['nä:sa] Nase

näsduk ['nä:sdü:k] Taschentuch

nästa ['nästa] nächster, nächste,
nächstes

nästan ['nästan] fast

nät [nä:t] *n.* Netz

nödfall ['nö:dfal] *n.* Notfall

nödvändig ['nö:dwändig] nötig

nöjd [nöjd] zufrieden

nöt [nö:t] Nuss

nötkött ['nö:tschöt] *n.* Rindfleisch

O

ocean [use'a:n] Ozean

och [ok] und

också ['okso] auch

offentlig [o'fentlig] öffentlich

ofta ['ofta] oft

ogift ['u:jift] ledig

oj! [oj] oh!, hoppla!, oh weh!

okej [o'käj] einverstanden, in Ord-
nung

oktober [ok'tu:ber] Oktober

olaglig ['ula:glig] illegal

olja ['olja] Öl

olycka ['u:lüka] Unfall

om [om] *(Konjunktion)* ob, wenn,
falls; *(Präposition: betreffend)*
über, von; *(räumlich)* von; *(zeit-
lich)* in, bei

område ['omro:de] Gegend

onsdag ['unsda:g] Mittwoch

opera ['u:pera] Oper

optiker ['optiker] Optiker, Optike-
rin

orange [o'ransch] Orange

ord [u:d] *n.* Wort

ordbok [u:d'bu:k] Wörterbuch

ordning ['o:rdning] Ordnung

orka ['orka] <orkar, orkade, orkat>
schaffen

orm [urm] Schlange

ort [ut] Ort

oss [os] uns

ost [ust] Käse

ostsmörgås ['ustsmö:r'go:s] Käse-
brot

otrolig ['u:tru:lig] unglaublich

P

packa ['paka] <packar, packade,
packat> packen, einpacken;
packa in ['paka in] einpacken

paddla ['padla] <paddlar, paddlade,
paddlat> paddeln

paket [pa'ke:t] *n.* Packung, Paket,
Päckchen

palats [pa'lats] *n.* Palast

pappa ['papa] Papa

papper ['paper] *n.* Papier

pappersnäsduk ['papers'nä:sdü:k]
Papiertaschentuch

par [pa:r] *n.* Paar, (Ehe)paar

paraply [para'plü:] *n.* Regenschirm

parfym [par'fü:m] Parfum

park [park] Park

parkera [par'ke:ra] <parkerar,
parkerade, parkerat> parken

parkeringsplats [par'ke:ringsplats] Parkplatz

parlament [parla'ment] *n.* Parlament

parti [par'ti:] *n.* Partei, Partie

partner ['pa:rtner] Partner, Partnerin

party ['pa:rtü] *n.* Party

pass [pas] *n.* Pass

passa ['pasa] <passar, passade, passat> passen, aufpassen

pasta ['pasta] *Pl.* Nudeln

patient [pasi'ent] Patient, Patientin

paus [paμs] Pause

pedal [pe'da:l] Pedal

pendeltåg ['pendelto:g] *n.* Nahverkehrszug

pengar ['pengar] *Pl.* Geld

penis ['pe:nis] Penis

pennvässare ['penwäsare] Anspitzer

pension [pen'schu:n] Pension

pensionat [penschu'na:t] *n.* Pension

pensionär [penschu:'nä:r] Rentner, Rentnerin

peppar ['pepar] *n.* Pfeffer

perrong [pe'rong] Bahnsteig, Gleis

piller ['piler] *n.* Pille

pipa ['pi:pa] Pfeife

pizza ['pitsa] Pizza

plan [pla:n] Plan; Fläche, Ebene; Flugzeug

plast [plast] Plastik

plats [plats] Platz, Stelle

plocka ['ploka] <plockar, plockade, plockade> pflücken, sammeln

plus [plüs] plus

pojke ['pojke] Junge

polis ['puli:s] Polizei; Polizist, Polizistin

polisstation [pu'li:s|sta'schu:n] Polizeiwache

pollen ['polen] *n.* Pollen

pommes frites [pom frit] Pommes frites

port [purt] Tor, Einfahrt, Eingang

porto ['purtu] *n.* Porto

post [post] Post; Postfiliale, Postamt

postnummer ['postnümer] *n.* Postleitzahl

potatis [pu'ta:tis] Kartoffel

praktik [prak'ti:k] Praxis, Praktikum

prata ['pra:ta] <pratar, pratade, pratat> sprechen

precis [pre'si:s] genau

present [pre'sent] Geschenk

presentera [presen'te:ra] <presenterar, presenterade, presenterat> vorstellen, präsentieren

pris [pri:s] *n.* Preis

prisvärd ['pri:swä:rd] preiswert

problem [pru'ble:m] *n.* Problem

procent [pru'sent] Prozent

program [pru'gram] *n.* Programm

promenera [prume'ne:ra] <promenerar, promenerade, promenerat> spazieren gehen

prospekt [pro'spekt] *n.* Prospekt

protestera [prutes'te:ra] <protesterar, protesterade, protesterat> protestieren

prova ['pru:wa] <provar, provade, provat> probieren, versuchen, ausprobieren

pump [pŭmp] Pumpe

punkt [pŭngt] Punkt

punktering [pŭng'te:ring] Reifenpanne

punktlig ['pŭngtlig] pünktlich

purjolök ['purjolö:k] Lauch

på [po:] an, auf, in

påfart ['po:fa:rt] Autobahnauffahrt

påse ['po:se] Tüte, Beutel

päron ['pä:ron] *n.* Birne

R

rabatt [ra'bat] Ermäßigung, Rabatt; Blumenbeet, Rabatte

rabies ['ra:bies] Tollwut

racerbana ['rejser'ba:na] Rennbahn

racket ['raket] *(für Tennis, Federball, Tischtennis)* Schläger

radio ['ra:dio] Radio

raka ['ra:ka] <rakar, rakade, rakat> rasieren

rakapparat ['ra:kapa'ra:t] Rasierer

rakblad ['ra:k'bla:d] *n.* Rasierklinge

raklödder ['ra:klöder] *n.* Rasierschaum

rakt fram [ra:kt fram] geradeaus

rand [rand] Streifen, Rand

realistisk [re:a'listisk] realistisch

recept [re'sept] *n.* Rezept

receptionist [resepschu'nist] Empfangsdame, Portier

redan ['re:dan] schon

regering [re'je:ring] Regierung

regn [rengn] *n.* Regen

regna ['rengna] <regnar, regnade, regnat> regnen

regnkappa ['rengnkapa] Regenmantel

rekommendera [re'komende:ra] <rekommenderar, rekommenderade, rekommenderat> empfehlen

religion [reli'ju:n] Religion

ren [re:n] Rentier

ren [re:n] rein, sauber

rengöring ['re:njöring] Reinigung

rep [re:p] *n.* Seil

reparera [repa're:ra] <reparerar, reprerade, reparerat> reparieren

reparation [repara'schu:n] Reparatur

resa ['re:sa] Reise

resa ['re:sa] <reser, reste, rest> errichten, aufstellen, aufrichten; resa in [re:sa in] einreisen; reisen, abreisen

resebyrå ['re:se'bü:ro] Reisebüro

resecheck ['re:seschek] Reisescheck

resehandbok ['re:se'handbu:k] *(Buch)* Reiseführer

reseledare ['re:se'le:dare] *(Person)* Reiseführer, Reiseführerin

reservera [reser'we:ra] <reserverar, reserverade, reserverat> reservieren

reservering [reser'we:ring] Reservierung

reserveringsnummer [reser'we:rings'nŭmer] *n.* Reservierungsnummer

restaurang [restu'rang] Restaurant

restaurangvagn [restu'rangwangn] Speisewagen

resväska ['re:swäska] Koffer

rida ['ri:da] <rider, red, ridit> reiten

rik [ri:k] reich

riktig ['riktig] richtig

riktning ['riktning] Richtung

ringa ['ringa] <ringer, ringde, ringt> anrufen; klingeln, läuten

ris [ri:s] *n.* Reis; Reisig, Rute

rock [rok] (Herren)mantel, Rock(musik)

roder ['ru:der] *n.* Ruder, Pinne

rolig ['ru:lig] lustig, amüsant

romantisk [ru'mantisk] romantisch

ros [ru:s] Rose

rosa ['ro:sa] rosa

rosé [ro'se:] Rosé

rost [rost] Rost

ruin [rü'i:n] Ruine

rullstol ['rülstu:l] Rollstuhl

rulltrappa ['rültrapa] Rolltreppe

rum [rŭm] *n.* Zimmer, Raum, Platz

rumsnummer ['rŭmsnŭmer] *n.* Zimmernummer

rund [rŭnd], **runt** rund

runt [rŭnt] rund um, ringsherum; (etwa) um

rutscha ['rŭtscha] <rutschar, rutschade, rutschat> rutschen

rutt [rŭt] Route

rygg [rüg] Rücken

ryggsäck ['rügsäk] Rucksack

rå [ro:] <rår, rådde, har rått> können, *inte rå för* ['inte ro: fö:r] nichts dafür können

rå [ro:] roh

rådjur [ro:jü:r] *n.* Reh

råna ['ro:na] <rånar, rånade, rånat> rauben, berauben

råtta ['rota] Ratte

rädda ['räda] <räddar, räddade, räddat> retten

räkna ['rä:kna] <räknar, räknade, räknat> rechnen, *räkna med ngt* ['rä:kna me:d] mit etw. rechnen

räkning ['rä:kning] Rechnung, Rechnen

rätt [rät] *(gastronomisch)* Gericht, Gang; *(juristisch)* Gericht, Recht

röd [rö:d] rot

rödvin ['rö:dwi:n] *n.* Rotwein

röka ['rö:ka] <röker, rökte, rökt> rauchen, räuchern

rökare ['rö:kare] Raucher, Raucherin

rökfri ['rö:kfri] rauchfrei

rökzon ['rö:ksu:n] Raucherzone

röst [röst] Stimme

S

sadel ['sa:del] Sattel

safe [sejf] Safe

saft [saft] Sirup, Getränk auf Sirupbasis

sak [sa:k] Ding, Sache, Angelegenheit

sallad ['salad] Salat

salt [salt] *n.* Salz

salt [salt] salzig

samman... ['saman] zusammen...

sammanlagt ['samanlagt] insgesamt, gesamt, Gesamt...

samtal ['samta:l] *n.* Gespräch, Aussprache
sand [sand] Sand
sandal [san'da:l] Sandale
sann [san] wahr
sax [saks] Schere
schampo ['schampu] *n.* Shampoo
Schweiz [schweits] Schweiz
schweizare ['schweitsare] Schweizer
schweizertyska ['schweitsertüska] Schweizerdeutsch
schweizisk ['schweitsisk] Schweizer
schweiziska ['schweitsiska] Schweizerin
se [se:] <ser, såg, sett> sehen, se upp! [se: üp] Achtung!, se ut [se: ü:t] aussehen
sedan ['se:dan] dann, danach; seit; för sedan [fö:r 'se:dan] vor; för länge sedan [fö:r 'länge 'se:dan] schon lange, schon längst, vor langer Zeit
sedel ['se:del] (Geld)schein
segla ['se:gla] <seglar, seglade, seglat> segeln
sekund [se'künd] Sekunde
semester [se'mester] Urlaub
semestra [se'mestra] <semestrar, semestrade, semestrat> Urlaub machen
senap ['se:nap] Senf
senare ['se:nare] später
senast ['se:nast] späteste/r/es, spätestens; letzte/r/es, zuletzt
sent [se:nt] spät

september [sep'tember] September
servera [ser'we:ra] <serverar, serverade, serverat> servieren, bedienen
servett [ser'wet] Serviette
servitris [serwi'tri:s] Kellnerin
servitör [serwi'tö:r] Kellner
sex [seks] Sex
sex [seks] sechs
sida ['si:da] Seite
siden ['si:den] Seide
sig [sej] sich
silver ['silwer] *n.* Silber
simhall ['simhal] Schwimmbad
simma ['sima] <simmar, simmade, simmat> schwimmen
sin [si:n] sein, seine; ihr, ihre
sista ['sista] letzter, letzte, letztes
n. **sitt** [sit] ihr, ihre; sein, seine
sitta ['sita] <sitter, satt, suttit> sitzen, sitta fast ['sita 'fast] feststecken, festsitzen
sittvagn ['sitwangn] Kinderwagen, Buggy
sjuk [schü:k] krank
sjukdom ['schü:kdum] Krankheit
sjukförsäkringskort ['schü:kför'sä:kringskut] *n.* Versichertenkarte, europeiskt sjukförsäkringskort [e:ro'pe:iskt 'schü:kför'sä:kringskut] europäische Versichertenkarte
sjukhus ['schü:khü:s] *n.* Krankenhaus
sjukskötare ['schü:kschö:tare] Krankenpfleger, Krankenpflegerin

sjuksköterska ['schü:kschöterska] Krankenschwester

sjunga ['schünga] <sjunger, sjöng, sjungit> singen

själv [schälw] selbst, allein

självbetjäning ['schälwbe'schä:ning] Selbstbedienung

självförsörjning ['schälwför'sö:rjning] Selbstversorgung

självklart ['schälwkla:rt] selbstverständlich

sjö [schö:] See

sjösjuk ['schö:schü:k] seekrank

ska [ska:] <ska, skulle, skolat> *(Absicht, zukünftig)* Jag ska åka in till staden. [ja:(g) ska 'o:ka til sta:n] Ich werde/will in die Stadt fahren., *(Verpflichtung)* Du ska ... [dü: ska:] Du sollst ...

skada ['ska:da] Verletzung; Schaden, Beschädigung

skada ['ska:da] <skadar, skadade, skadat> verletzen; schaden, schädigen

skaldjur ['ska:ljü:r] *n.* Schalentier, Meeresfrüchte

sked [sche:d] Löffel

skena ['sche:na] Schiene

skepp [schep] *n.* Schiff

skicka ['schika] <skickar, skickade, skickat> schicken, senden

skida ['schi:da] Ski, åka skidor ['o:ka 'schi:dur] Ski laufen, Schote

skidlift ['schi:dlift] Skilift

skidpjäxa ['schi:dpjäksa] Skischuh

skild [schild] verschieden; getrennt, geschieden

skina ['schi:na] <skiner, sken, skinit> scheinen, glänzen

skinka ['schingka] Schinken

skiva ['schi:wa] Scheibe

skjorta ['schurta] Hemd

sko [sku:] Schuh

skoaffär [sku:a'fä:r] Schuhgeschäft

skog [sku:g] Wald

skola ['sku:la] Schule

skola ['sku:la] <ska, skulle, skolat> sollen; müssen; wollen, möchten; werden

skosnöre ['sku:snö:re] *n.* Schnürsenkel

skratta ['skrata] <skrattar, skrattade, skrattat> lachen

skridskobana ['skrisku'ba:na] Eisbahn

skridskoråkning ['skrisku'o:kning] Eislaufen

skriftlig ['skriftlig] schriftlich

skrika ['skri:ka] <skriker, skrek, skrikit> schreien

skriva ['skri:wa] <skriver, skrev, skrivit> schreiben, skriva under ['skri:wa 'ünder] unterschreiben, skriva ut ['skri:va ü:t] <skriver, skrev, skrivit> ausdrucken

skrivare ['skri:ware] Drucker

skräddare ['skrädare] Schneider

skuldra ['sküldra] Schulter

skulptur [skülp'tü:r] Skulptur

skydda ['schüda] < skyddar, skyddade, skyddat> schützen

skyldig ['schüldig] schuldig

skylt [schült] Schild
skål [skoːl] Schale, Schüssel
skål! [skoːl] prost!
skåp [skoːp] n. Schrank
skägg [schäg] n. Bart
skämt [schämt] n. Spaß, Scherz
skönhetssalong
['schöːnheːtsaˈlong] Schönheits-
salon
skötrum ['schöːtrüm] n. Wickel-
raum
sladd [slad] Kabel
sladda ['slada] <sladdar, sladdade,
sladdat> schleudern
slagträ ['slaːgträː] n. (Baseball, Kri-
cket) Schläger
slaktare ['slaktare] Fleischer, Flei-
scherin; Metzger, Metzgerin
slang [slang] Schlauch
slappna av ['slapna aːw]
<slappnar, slappnade, slappnat>
entspannen
slott [slot] n. Schloss
slut [slüːt] n. Ende, Schluss
slut [slüːt] alle, ausverkauft
sluta ['slüːta] <slutar, slutade,
slutat> schließen, abschließen;
aufhören, enden, zu Ende sein
smak [smaːk] Geschmack
smaka ['smaːka] <smakar,
smakade, smakat> probieren, kos-
ten, schmecken
smal [smaːl] schlank, schmal
smeknamn ['smeːknamn] n. Spitz-
name
smet [smeːt] Teig
smutsig ['smütsig] schmutzig
små [smoː] Pl. kleine

småkaka ['smoːkaːka] Plätzchen
småpengar ['smoːpengar] Pl. Klein-
geld
smärta ['smärta] Schmerz
smärtlindrande ['smärtlindrande]
schmerzlindernd
smärtsam ['smärtsam] schmerz-
haft
smör [smöːr] n. Butter
smördeg ['smöːrdeːg] Blätterteig
snabb [snab] schnell
snabbmat ['snabmaːt] Fertigge-
richt
snaps [snaps] Schnaps
snart [snaːrt] bald
snigel ['sniːgel] Schnecke
snorkel ['snorkel] Schnorchel
snorkla ['snorkla] <snorklar,
snorklade, snorklat> schnorcheln
snäcka ['snäka] Meeresschnecke
snäll [snäl] lieb, nett
snö [snöː] Schnee
socka ['soka] Socke
socker ['soker] n. Zucker
sockerfri ['sokerfriː] zuckerfrei
soffa ['sofa] Sofa
sojaböna ['sojaböːna] Sojabohne
sojamjölk ['sojamjölk] Sojamilch
sol [suːl] Sonne
solbränna ['suːlbräna] Sonnen-
bräune, Sonnenbrand
soldat [solˈdaːt] Soldat, Soldatin
solig ['suːlig] sonnig
solnedgång ['suːlneːdgong] Son-
nenuntergang
solsting ['suːlsting] n. Sonnenstich
som [som] (Relativpronomen) der,
die, das; welcher, welche, wel-

ches; *(Adverb)* als, wie; som van-
ligt [som 'wa:nlit] wie gewöhn-
lich

sommar ['somar] Sommer

son [so:n] Sohn

sopkorg ['su:pkorj] Mülleimer

sopor ['su:pur] *Pl.* Müll

soppa ['sopa] Suppe

soppsked ['sopsche:d] Suppenlöf-
fel

soppslev ['sopslä:w] Suppenkelle

soptunna ['su:ptüna] Mülltonne

sova ['so:wa] <sover, sov, sovit>
schlafen

sovrum ['sowrüm] *n.* Schlafzimmer

spara ['spa:ra] <sparar, sparade,
sparat> sparen, aufheben

specialist [spesia'list] Spezialist,
Spezialistin

specialität ['spesiali'tä:t] Speziali-
tät

spegel ['spe:gel] Spiegel

spela ['spe:la] <spelar, spelade,
spelat> spielen

spelregler ['spe:lre:gler] *Pl.* Spielre-
geln

spenat [spe'na:t] Spinat

spik [spi:k] Nagel

spindel ['spindel] Spinne

spis [spi:s] Herd

sport [sport] Sport

sportaffär ['sporta'fä:r] Sportge-
schäft

sportgren ['sportgre:n] Sport(art)

springa ['springa] <springer,
sprang, sprungit> rennen, laufen

sprit [spri:t] Spirituosen, Spiritus

spruta ['sprü:ta] Spritze

spruta ['sprü:ta] <sprutar, sprutade,
sprutat> spritzen

språk [spro:k] *n.* Sprache

spårvagn ['spo:rwangn] Straßen-
bahn

stad [sta:d] Stadt

stadion ['sta:dion] Stadion

stadsmur ['statsmü:r] Stadtmauer

stadsrundtur ['statsrundtü:r]
Stadtrundfahrt

stanna ['stana] <stannar, stannade,
stannat> bleiben, anhalten

stark [stark] stark

starköl ['starkö:l] Starkbier

starta ['sta:rta] <startar, startade,
startat> anfangen; losfahren,
abfahren; anspringen, starten

startkabel ['sta:rtka:bel] Starthil-
fekabel

staty [sta'tü:] Statue

stav [sta:w] Stab, Skistock

stava ['sta:wa] <stavar, stavade,
stavat> buchstabieren

stekpanna ['ste:kpana] Pfanne

stelkramp ['ste:lkramp] Tetanus

sten [ste:n] Stein

sticka ['stika] Splitter, Stricknadel

sticka ['stika] <sticker, stack,
stuckit> stechen, stecken, stri-
cken, sticka i väg ['stika i: wä:g]
sich auf den Weg machen

stig [sti:g] Pfad, Steig

stiga ['sti:ga] <stiger, steg, stigit>
steigen, stiga av ['sti:ga a:w] aus-
steigen, absteigen; stiga in/på
['sti:ga in/po:] einsteigen,
(ein)treten; stiga upp ['sti:ga üp]
aufstehen, sich erheben; stiga

ur ['sti:ga ü:r] aussteigen, heraustreten

stigbygel ['sti:gbü:gel] Steigbügel

stjäla ['schä:la] <stjäler, stal, stulit> stehlen

stol [stu:l] Stuhl

stor [stu:r] groß

storlek ['stu:rle:k] Größe

storm [storm] Sturm

stormarknad ['stu:rmarknad] Supermarkt

strand [strand] Strand

strax [straks] sofort, gleich, bald

strumpa ['strümpa] Strumpf

strupe ['strü:pe] Kehle

student [stü'dent] Student, Studentin

stuga ['stü:ga] Hütte

stugby ['stü:gbü:] Feriendorf

stund [stünd] Weile, Moment

styck [stük] Stück

stycke ['stüke] *n.* Stück

styra ['stü:ra] <styra, styrde, styrt> lenken, steuern

städa ['stä:da] <städar, städade, städat> putzen, aufräumen

ställa ['stäla] <ställer, ställde, ställt> stellen, stella in på ['stäla in po:] sich einstellen auf, stella om ['stäla om] umstellen, ändern; stella till ['stäla til] anrichten, verursachen; stella ut ['stäla üt] austellen

ström [ström] Strom, Strömung

stänga ['stänga] <stänger, stängde, stängt> schließen, zumachen; stänga av ['stänga a:w] ausmachen, ausschalten

stövel ['stöwel] Stiefel

sur [sü:r] sauer

svag [swa:g] schwach, leise

svamp [swamp] Pilz, Schwamm

svar [swa:r] *n.* Antwort

svara ['swa:ra] <svarar, svarade, svarat> antworten

svart [swart] schwarz

♂ **svensk** [swensk], ♀ **svenska** ['swenska] Schwede, Schwedin

svenska ['swenska] Schwedisch

Sverige ['swerje] *n.* Schweden

svettas ['swetas] <svettas, svettades, svettats> schwitzen

svåger ['swo:ger] Schwager

svår [swo:r] schwer, schwierig

svägerska ['swä:gerska] Schwägerin

svärdotter ['swä:rdoter] Schwiegertochter

svärfar ['swä:rfa:r] Schwiegervater

svärmor ['swä:rmur] Schwiegermutter

svärson ['swä:rso:n] Schwiegersohn

sy [sü:] <syr, sydde, sytt> nähen

sylt [sült] Konfitüre

syntest ['sü:ntest] Sehtest

synål ['sü:no:l] Nähnadel

syskonbarn [süskon'ba:rn] *n.* Neffe, Nichte

syster ['süster] Schwester

så [so:] so

sång [song] Lied

sås [so:s] Soße

säker ['sä:ker] sicher

säkert ['sä:kert] sicher, sicherlich, gewiss

säkerhetsbälte ['sä:kerhe:ts'bälte] n. Sicherheitsgurt

sällan ['sälan] selten

sällsynt ['sälsy:nt] selten

sända ['sända] <sänder, sände, sänt> senden

säng [säng] Bett, Beet

sängkläder ['sängklä:der] Pl. Bettzeug

särskilt ['särschilt] besonders

säte ['sä:te] n. Sitz, Gesäß

söder ['sö:der] Süden

söka ['söka] <söker, sökte, sökt> suchen

sömerska ['sömerska] Schneiderin

sömnig ['sömnig] müde, erschöpft

söndag ['söndag] Sonntag

sönder ['sönder] kaputt

söt [sö:t] süß

sötningsmedel ['sö:tnings'me:del] n. Süßstoff

T

ta [ta:] <tar, tog, tagit> nehmen; dauern, brauchen; *(Foto)* machen; **ta ut** [ta: ü:t] abheben

tack [tak] n. Dank; danke, bitte; **tack så mycket** [tak so 'müke] danke sehr, vielen Dank

tacka ['taka] <tackar, tackade, tackat> danken, sich bedanken

tak [ta:k] n. Dach, (Zimmer)decke

tal [ta:l] n. Zahl, Rede

tala ['ta:la] <talar, talade, talat> reden, sprechen

tallrik ['talrik] Teller

tampong [tam'pong] Tampon

tand [tand] Zahn

tandborste ['tandborste] Zahnbürste

tandkräm ['tandkrä:m] Zahnpasta

tandpetare ['tandpe:tare] Zahnstocher

tangentbord [tan'jentbu:d] n. Tastatur

tank [tank] Tank

tanka ['tangka] <tankar, tankade, tankat> tanken

taxi ['taksi] Taxi

taxichaufför ['taksischa'fö:r] Taxifahrer, Taxifahrerin

te [te:] n. Tee

teater [te'a:ter] Theater

teaterstycke [te'a:ter'stüke] n. Theaterstück

tefat ['te:fa:t] n. Untertasse

teknik [tek'ni:k] Technik

telefon [tele'fo:n] Telefon

telefonbok [tele'fo:nbu:k] Telefonbuch

telefonera [telefo'ne:ra] <telefonerar, telefonerade, telefonerat> telefonieren

telefonkiosk [tele'fo:nschosk] Telefonzelle

telefonkort [tele'fo:nkut] n. Telefonkarte

telefonnummer [tele'fo:n'nümer] n. Telefonnummer

telefonsamtal [tele'fo:nsam'ta:l] n. Anruf

tennisbana ['tenis'ba:na] Tennis-
platz
tesked [te:'sche:d] Teelöffel
tid [ti:d] Zeit, Uhrzeit, Termin
tidig ['ti:dig], **tidigt** ['ti:dit] früh
tidigare ['ti:digare] früher
tidning ['ti:ning] Zeitung
tidskrift ['ti:dskrift] Zeitschrift
tidtabell ['ti:dtabel] Fahrplan
till [til] *(Präposition)* für, nach, zu,
bis, an, von; *(Adverb)* noch
tillbaka [til'ba:ka] zurück, rück-
wärts; wieder
tillhöra [til'hö:ra] <tillhör, tillhörde,
tillhört> gehören
tillsammans [tilsamans] zusam-
men, gemeinsam
tilltala ['tilta:la] <tilltalar, tilltalade,
tilltalat> gefallen, ansprechen
tillåta ['tilo:ta] <tillåter, tillät,
tillåtit> erlauben
timma ['tima] Stunde
tiokrona ['ti:u'kru:na] 10-Kronen-
Münze
tisdag ['ti:sda:g] Dienstag
titel ['titel] Titel
titta ['tita] <tittar, tittade, tittat>
gucken, schauen
tjej [schej] *(umgs.)* Mädchen
tjock [schok] dick
tjäna ['schä:na] <tjänar, tjänade,
tjänat> verdienen
tjugolapp ['schü:golap] 20-Kro-
nen-Schein
toalett [tua'let] Toilette
toalettpapper [tua'let'paper] *n.*
Toilettenpapier
tobak ['tu:bak] Tabak

tofu ['to:fü] Tofu
tom [tum] leer
tomat [tu'ma:t] Tomate
torka ['torka] <torkar, torkade,
torkat> trocknen
torn [tu:rn] *n.* Turm
torsdag ['tu:rsda:g] Donnerstag
trafik [tra'fi:k] Verkehr
trafikljus [tra'fi:kjü:s] *n.* Ampel
transport [trans'port] Transport
trappa ['trapa] Treppe
trasa ['tra:sa] Lappen
tredjedel ['tre:dje'de:l] Drittel
trevlig ['tre:wlig] nett, schön
tro [tru:] <tror, trodde, trott> glau-
ben
trosor ['tru:sur] *Pl.* Unterhose
trosskydd ['tru:sschüd] *n.* Slipein-
lage
trycka ['trüka] <trycker, tryckte,
tryckt> drücken; drucken, bedru-
cken
träd [trä:d] *n.* Baum
trädgådsmästare
['trägo:rds'mästare] Gärtner, Gärt-
nerin
trädgård ['trägo:rd] Garten
träffa ['träfa] <träffar, träffade,
träffat> treffen
träningsvärk ['trä:ningswä:rk]
Muskelkater
tröja ['tröja] Pullover
trött [tröt] müde, erschöpft
tuggumi ['tügümi] *n.* Kaugummi
tull [tül] Zoll, Zollbehörde
tumme ['tüme] Daumen
tung [tüng] schwer
tunnelbana ['tünel'ba:na] U-Bahn

tunnelbanekarta
['tŭnel'ba:ne'ka:rta] U-Bahn-Plan

tunnelbanestation
['tŭnel'ba:nesta'schu:n] U-Bahn-
Station

tur [tü:r] Glück, ha tur [ha: tü:r]
Glück haben, Det är din tur.
[de:t ä:r din tü:r] Du bist dran.

turistbuss [tŭr'istbŭs] Reisebus

turistbyrå [tŭ'ristbü'ro:] Fremden-
verkehrsbüro

turistinformation
[tŭr'istinforma'schu:n] Touristen-
information

TV ['te:we:] Fernsehen

tvål [two:l] Seife

tvätteri [twäte'ri:] n. Wäscherei

tvättmaskin [twätma'schi:n]
Waschmaschine

tycka ['tŭka] <tycker, tyckte, tyckt>
meinen, finden; tycka om ['tŭka
om] mögen

tydligen ['tü:dligen] offenbar

tygel ['tü:gel] Zügel

tysk [tüsk] Deutscher

tysk [tüsk] deutsch

tyska [tüska] Deutsche, Deutsch

Tyskland [tüskland] n. Deutsch-
land

tyst [tüst] leise, ruhig

tyvärr [tü'wär] leider

tå [to:] Zeh

tåg [to:g] n. Zug, Bahn

tågstation ['to:gsta'schu:n] Bahn-
hof

tång [tong] Zange, Tang

tårta ['to:rta] Torte

täcke ['täke] n. Decke, Bettdecke

tält [tält] n. Zelt

tälta ['tälta] <tältar, tältade, tältat>
zelten

tältplats ['tältplats] Zeltplatz

tändare ['tändare] Feuerzeug

tändstift ['tändstift] n. Zündkerze

tänka ['tänka] <tänker, tänkte,
tänkt> denken

törst [törst] Durst

U

ugn [üngn] Ofen

under ['ünder] n. Wunder

under ['ünder] (räumlich) unter,
(zeitlich) während

underbar [ünder'ba:r] wunderbar

underbyxor ['ünder'byksu:r] Pl.
Unterhose

underskrift ['ünderskrift] Unter-
schrift

undervisa ['ünderwi:sa]
<undervisar, undervisade,
undervisat> unterrichten

undervisning ['ünderwi:sning]
Unterricht

ung [üng] jung

ungdom ['üngdum] Jugendlicher,
Jugendliche; Jugend

ungefär [unje'fä:r] ungefähr

uppe ['ŭpe] oben, auf...

uppehåll ['ŭpehol] n. Aufenthalt,
Zwischenstopp; Unterbrechung

uppehälle ['ŭpe'häle] n. Unterhalt,
Unterbringung

upplysning ['ŭplü:sning] Auskunft

upptaget [ŭp'ta:get] besetzt

ursinnig ['ü:rsinig] wütend, rasend

ursäkt ['ü:rsäkt] Entschuldigung

ursäkta ['ü:rsäkta] <ursäktar, ursäktade, ursäktat> entschuldigen

urval ['ü:rwa:l] *n.* Auswahl, Angebot

USB-kabel [ü:|es|'be: 'ka:bel] USB-Kabel

utan ['ü:tan] *(Präposition)* ohne, *(Konjunktion)* sondern

ute ['ü:te] draußen, außer Haus; vorbei; äta ute ['ä:ta 'ü:te] ausgehen zum Essen

utebad ['ü:teba:d] *n.* Freibad

utfart ['ütfa:rt] Ausfahrt

utgång ['ü:tgong] Ausgang

utmärkt ['ü:tmärkt] ausgezeichnet

utomhus ['ü:tomhü:s] draußen

utskrift ['ü:tskrift] Ausdruck

utslag [ü:tsla:g] *n.* Ausschlag, Urteil

utställniing ['ü:tstälning] Ausstellung

uttflykt [ü:tflükt] Ausflug

uttryck ['ü:trük] *n.* Ausdruck

uttrycka ['ü:trüka] <uttrycker, uttryckte, uttryckt> ausdrücken, sich äußern

utveckling ['ü:twekling] Entwicklung

utvekla ['ü:twekla] <utvecklar, utvecklade, utvecklat> entwickeln

V

vaccinationskort [waksina'schu:nskut] *n.* Impfpass

vacker ['vaker] schön, hübsch

vad [wa:d] Wade

vad [wa:d] was, wie

vagina [wa'gi:na] Vagina

valuta [wa'lü:ta] Währung, Valuta; *(fig.)* Wert

vandra ['wandra] <vandrar, vandrade, vandrat> wandern

vandrarhem ['wandrarhem] *n.* Jugendherberge

vansinnig ['wa:nsinig] wahnsinnig, verrückt

vante ['wante] Handschuh

var [wa:r] *n.* Eiter

var [wa:r] *(Adverb)* wo; *(Pronomen)* jeder, jede, jedes, alle

vara ['wa:ra] <är, var, varit> sein, vara sig ['wa:ra sej] eitern

vardagsrum [warda:gs'rüm] *n.* Wohnzimmer

varenda ['warenda] jeder, jede, jedes; alle

varför ['warför] warum

varg [warj] Wolf

varifrån ['wa:rifro:n] woher

varje ['warje] jeder, jede, jedes

varm [warm] warm

varna ['wa:rna] <varnar, varnade, varnat> warnen

varsågod ['warsogu:d] bitte

vart [wart] wohin

varuhus ['waruhü:s] *n.* Kaufhaus

vass [was] Schilf

vass [was] scharf

vatten ['waten] *n.* Wasser

vattenfall [waten'fal] *n.* Wasserfall

vattenkran [waten'kra:n] Wasserhahn

vattentät [waten'tä:t] wasserdicht

vecka ['weka] Woche

vegetarian [wegi'taria:n] Vegeta-
rier, Vegetarierin

vegitarisk [wegi'ta:risk] vegeta-
risch

vem [wem] wer, wen, wem

vems [wems] wessen

verkligen ['wärkligen] wirklich

verkstad ['werkstad] Werkstatt

veta ['we:ta] <vet, visste, vetat>
wissen

vi [wi:] wir

vid [wi:d] *(räumlich)* an, bei,
neben; *(zeitlich)* zu

vidare [wi:dare] *(Adjektiv)* weiter;
(Adverb) weiter, weiterhin,
besonders

vik [wi:k] Bucht

vikt [wikt] Gewicht

vilja ['wilja] <vill, ville, velat> wol-
len

Pl. **vilka** ['wilka] welche

vilken ['wilken], *n.* **vilket** ['wilket]
welcher, welche, welches

vin [wi:n] *n.* Wein, mousserande
vin [mu'se:rande 'wi:n] Sekt

vind [wind] Wind

vindruta ['windrü:ta] Windschutz-
scheibe

vinstock ['wi:nstok] Weinstock

vinter ['winter] Winter

visa ['wi:sa] <visar, visade, visat>
zeigen

vistelse ['wistelse] Aufenthalt

visum ['wi:süm] *n.* Visum

vit [wi:t] weiß

vitvin ['wi:twi:n] *n.* Weißwein

vuxen ['wŭksen] Erwachsener,
Erwachsene

vykort ['wü:kut] *n.* Ansichtskarte

våldta ['woldta:] <våldtar, våldtog,
våldtagit> vergewaltigen

våning ['wo:ning] Wohnung;
Etage, Stockwerk

vår [wo:r] Frühling

vår [wo:r], *n.* **vårt** [wo:rt] unser,
unsere, unseres

väckarklocka ['wäkar'kloka]
Wecker

väg [wä:g] Weg, Fahrt

vägbeskrivning
['wä:gbekri:wning] Anfahrtsbe-
schreibung, Wegbeschreibung

vägg [wäg] Wand

vägvisare [wä:g'wi:sare] Wegwei-
ser

välja ['wälja] <väljer, valde, valt>
wählen

välkommen ['wä:lkomen] willkom-
men, Välkommen tillbaka!
['wä:lkomen til'ba:ka] Auf Wie-
dersehen!

♂ **vän** [wän], ♀ **väninna** ['wänina]
Freund, Freundin

vänlig ['wänlig] freundlich

vänster ['wänster] links

vänta ['wänta] <väntar, väntade,
väntat> warten

väntrum ['wäntrüm] *n.* Wartezim-
mer

värd [wä:rd] Wirt

värd [wä:rd] wert

värdefull ['wä:rdefül] wertvoll

värdesaker ['wä:rdesaker] *Pl.* Wert-
sachen

värdesaksfack ['wä:rdesa:ksfak] *n.*
Schließfach

värdinna [wäːrdina] Wirtin
väska ['wäska] Tasche
väster ['wäster] Westen
växa ['wäksa] <växer, växte, växt> wachsen
växelkurs ['wäkselkůrs] Wechselkurs
växelpengar ['wekselpengar] *Pl.* Wechselgeld
växla ['wäksla] <växlar, växlade, växlat> wechseln
växt ['wäkst] Pflanze

Y

yoghurt ['jogůrt] Jogurt
yrke ['üːrke] *n.* Beruf

Å

åka ['oːka] <åker, åkte, åkt> fahren, abfahren
ålder ['older] Alter
år [oːr] *n.* Jahr, **året runt** [oːret růnt] das ganze Jahr über
åra ['oːra] Ruder
årstid ['oːrstiːd] Jahreszeit
åsikt ['oːsikt] Ansicht, Meinung
åt [oːt] für, nach
återvinna ['oːterwina] <återvinner, återvann, återvunnit> recyceln
återvända ['oːter'wända] <återvänder, återvände, återvänt> zurückkehren

Ä

ägg [äg] *n.* Ei, **stekt ägg** [steːkt ägg] Spiegelei, **vändstekt ägg** ['wändsteːkt ägg] beidseitig gebratenes Spiegelei

äktenskap ['äktenskaːp] *n.* Ehe
älg [älj] Elch
älgtokig [äljtuːkig] verrückt nach Elchen
älska ['älska] <älskar, älskade, älskat> lieben
än [än] als
äng [äng] Wiese
änka ['ängka] *(Frau)* verwitwet
änkling ['ängkling] *(Mann)* verwitwet
ännu ['änüː] noch
äpple ['äple] *n.* Apfel
ärta ['äːrta] Erbse
äsch! [äsch] ach was!
äta ['äːta] <äter, åt, ätit> essen
ättika ['ätika] Essig

Ö

ö [öː] Insel
öga ['öːga] *n.* Auge
ögonblick ['öːgonblik] *n.* Augenblick, Moment
öken ['öːken] Wüste
öknamn ['öːknamn] *n.* (gemeiner) Spitzname
öl [öːl] Bier
önska ['önska] <önskar, önskade, önskat> wünschen
öppen ['öpen] offen
öppna ['öpna] <öppnar, öppnade, öppnat> öffnen, aufmachen
öra ['öːra] *n.* Ohr
örngott ['öːrngot] *n.* Kissenbezug
öster ['öster] Osten
österrikare ['österiːkare] Österreicher
Österrike ['österiːke] *n.* Österreich

österrikerska ['österikerska]
Östereicherin
österrikisk ['österi:kisk] österrei-
chisch
över ['ö:wer] über, oberhalb
överdos ['ö:werdu:s] Überdosis
överfalla ['öwer'fala] <överfaller,
överföll, överfallit> überfallen
överföra ['ö:wer'fö:ra] <överför,
överförde, överfört> überweisen,
übertragen
överföring ['ö:wer'fö:ring] Über-
weisung, Übertragung
överkast ['ö:werkast] *n.* Bettbezug

övermorgon ['ö:wer'moron] über-
morgen
övernattningsmöjlighet
['ö:wernatningsmöjlig'he:t] Über-
nachtungsmöglichkeit
överraska ['ö:wer'raska]
<överraskar, överraskade,
överraskat> überraschen
översätta ['ö:wer'säta] <översätter,
översatte, översatt> dolmetschen,
übersetzen
översättare ['ö:wer'sätare] Dol-
metscher, Übersetzer; Dolmet-
scherin, Übersetzerin

Alles gepackt?

Gesundheit

Verbandszeug
Blasenpflaster
Tabletten (Schmerztabletten …)
Andere wichtige Medikamente
Sonnenschutzmittel
Insektenschutzmittel
Ersatzbrille
Kontaktlinsen, Linsenflüssigkeit usw.
Sonnenbrille
Ohrstöpsel

Dokumente

Ausweise (Reisepass, Führerschein)
Grüne Versicherungskarte
Auslandsreiseversicherung
Geld in der Landeswährung
Kreditkarte, Debitkarte

Elektronik

Handy
PDA
Fotoapparat, SD-Karte, Akku (Ladekabel, Ersatz SD-Karte,
Ersatzakku)
Rasierapparat
Ladegeräte, Kabel und Adapter für alle elektronischen Geräte

Reiseinformationen

Hueber Sprachführer
Landkarten

Reiseführer
Wichtige Adressen
Wichtige Telefonnummern (z. B. die Hotline des
Kreditkarteninstituts für Notfälle)
Schreibzeug
Reiseliteratur (Buch, Zeitung)

Körperpflege

Handtücher, Waschlappen
Shampoo
Conditioner
Seife
Spiegel
Rasierwasser
Rasierschaum
Rasierer und Klingen
Kamm, Haarbürste, Haargummis
Badeschlappen
Gesichts- und Körpercreme
Nagelschere, Nagelfeile
Zahnbürste, Zahnpasta
Reinigungstabletten
Tampons, Binden
Wattestäbchen
Toilettenpapier
Taschentücher

Kleidung

Jacke
Mantel
Handschuhe
Halstuch, Schal
Pullover
T-Shirts
Hemden
Lange Hosen, kurze Hosen

Kleider
Röcke
Blusen
Sportkleidung
Unterwäsche (Unterhosen, Unterhemden, BHs)
Badehose, Badeanzug
Sonnenhut
Regenbekleidung
Schuhe (Sportschuhe, Wanderschuhe)

Fürs Zelten

Zelt
Heringe
Plane
Hammer
Spaten
Zeltlampe
Taschenlampe
Schlafsack
Isomatte
Strandmatte
Klappstuhl
Geschirr
Holzbrett
Besteck
Scharfes Messer
Regenschirm
Essgeschirr
Spülmittel
Geschirrtücher
Topfset
Gaskocher
Gaspatronen
Feuerzeug

Sonstiges

Regenschirm
Reisewaschmittel

Zahlen
Tal

Y01	0	noll [nol]
Y02	1	ett [et]
Y03	2	två [twoː]
Y04	3	tre [treː]
Y05	4	fyra ['füːra]
Y06	5	fem [fem]
Y07	6	sex [seks]
Y08	7	sju [schüː]
Y09	8	åtta ['ota]
Y10	9	nio ['niːo]
Y11	10	tio ['tiːo]
Y12	11	elva ['elwa]
Y13	12	tolv [tolw]
Y14	13	tretton ['treton]
Y15	14	fjorton ['fjuːton]
Y16	15	femton ['femton]
Y17	16	sexton ['sekston]
Y18	17	sjutton ['schŭton]
Y19	18	arton ['aːrton]
Y20	19	nitton ['niton]
Y21	20	tjugo ['schüːgo]

Y22	21	tjugoett ['schü:go'et]
Y23	22	tjugotvå ['schü:go'two:]
Y24	23	tjugotre ['schü:go'tre:]
Y25	24	tjugofyra ['schü:go'fü:ra]
Y26	25	tjugofem ['schü:go'fem]
Y27	26	tjugosex ['schü:go'seks]
Y28	27	tjugosju ['schü:go'schu:]
Y29	28	tjugoåtta ['schü:go'ota]
Y30	29	tjugonio ['schü:go'ni:o]
Y31	30	trettio ['treti:o]
Y32	40	fyrtio ['förti:o]
Y33	50	femtio ['femti:o]
Y34	60	sextio ['seksti:o]
Y35	70	sjuttio ['schŭti:o]
Y36	80	åttio ['oti:o]
Y37	90	nittio ['niti:o]
Y38	100	(ett) hundra [(et) 'hundra]
Y39	1.000	(ett) tusen [(et) 'tu:sen]
Y40	1.000.000	(en) miljon [(en) mil'ju:n]